第一三二辑

OLD PHOTOS

老照片

主编 冯克力

U0813215

执行编辑 赵祥斌
特邀编辑 张 杰
丁 东
邵 建
美术编辑 王 芳
特邀审校 王者玉
赵健杰

山东画报出版社

图书在版编目（CIP）数据

老照片.第132辑／冯克力主编. —济南：山东画报出版社，2020.8
ISBN 978-7-5474-3639-4

Ⅰ.①老… Ⅱ.①冯… Ⅲ.①世界史—史料 ②中国历史—现代史—史料 Ⅳ.①K106 ②K260.6

中国版本图书馆CIP数据核字（2020）第125229号

老照片.第132辑

冯克力主编

责任编辑 赵祥斌

装帧设计 王　芳

出 版 人 李文波

主管单位 山东出版传媒股份有限公司

出版发行 山东画报出版社

社　　址　济南市市中区英雄山路189号B座　邮编 250002

电　　话　总编室（0531）82098472

市场部（0531）82098479　82098476（传真）

网　　址　http：//www.hbcbs.com.cn

电子信箱　hbcb@sdpress.com.cn

印　　刷 山东临沂新华印刷物流集团有限责任公司

规　　格 140毫米×203毫米　1/32

6印张　106幅照片　120千字

版　　次 2020年8月第1版

印　　次 2020年8月第1次印刷

书　　号 ISBN 978-7-5474-3639-4

定　　价 20.00元

目录

林则徐曾孙林轼垣

——大时代里的家族往事

林冠珍

闲读《清末民初政情内幕——〈泰晤士报〉驻北京记者、袁世凯政治顾问乔·厄·莫理循书信集》，看到一封1918年3月19日“林轼桓”在新西兰惠灵顿写给莫理循的信。本书编者、澳大利亚国立大学教授、华裔学者骆惠敏先生为“林轼桓”做了一条简注：

> 林轼桓系中国外交官，是焚烧英国鸦片，使英国以此为理由发动第一次鸦片战争（1839—1840）的广东总督林则徐的曾孙。［……］马尾船政学堂毕业，此时在新西兰任领事（1917—1922），以前他在温哥华任领事（1914—1917）。

他是福州人，我的前辈老乡，还有更多的故事吗？骆先生的注里有“［……］”符号，表示翻译时有删节，我很想知道被删节的内容是什么。到福建师大图书馆借来英文原版《莫理循书信集》，一比对，发现被删的只是林则徐的生卒年“1785—1850”这几个数字，没有其他新内容，令我非常失望。只好用百度搜索，跳出一行字："很抱歉，没有找到与'林轼桓'相关的网页。"

林则徐曾孙、名门之后、清末民初领事级外交官，就没一点痕迹吗？找来《林则徐世系录》，查得，原来林则徐的这位曾孙名叫林轼垣，怪不得查不到呢。"垣"（yuán）与"桓"（huán）字形相似，读音却完全不同。骆先生在英文版中很明确写的是 lin Shih-yuan，不是骆先生的错，而是中译本的笔误。

从《林则徐世系录》得知，林轼垣的独养女林子东先生还

图 1 1926 年，福州三坊七巷三官堂。右一林轼垣、右二林子东、右三钟锦棠的母亲、左一钟锦棠的妹妹、左二林轼垣夫人钟锦棠、左三妹妹的女儿。

图 2 1919 年，林轼垣在新西兰中国领事馆官邸。

健在，让我十分惊喜。她曾任福建人民出版社总编辑、福建省社科院副院长、福建省社科联专职副主席、全国政协委员，是新四军老战士、老新闻工作者、出版人。她与中国共产党同龄，今年虚百岁。历史原来离我并不遥远。

百度搜索林轼垣，终于有了零星的线索。网上看到的信息，多数内容重复，或语焉不详。很意外地看到郑芳著、福建教育出版社出版的《16 个福州家族的百年家史》，封面赫然是年幼的林子东与父亲林轼垣等家人的合影（图 1），内文中还有一幅林轼垣的个人照片（图 2）。林轼垣的形象一下子立体鲜活了起来。

THE ILLUSTRATED LONDON NEWS

No. 3828.—VOL. CXLI. SATURDAY, AUGUST 31, 1912. SIXPENCE.

THE POLITICAL ADVISER OF THE CHINESE REPUBLIC AND ITS FIRST PRESIDENT: DR. G. E. MORRISON—"PEKING" MORRISON—AND YUAN SHI-KAI.

Dr. George Ernest Morrison, the famous Peking Correspondent of the "Times," resigned his position on the "Thunderer" recently in order to become Political Adviser to the Chinese Republic—a move which aroused, and continues to arouse, the greatest interest. It is understood that the appointment was offered him when the news that he was about to sell his home and his famous library of books on China heralded the statement that he was about to leave Peking for good after his seventeen years of journalistic work there, and was the result of a spontaneous desire on the part of Government and people that his great experience should not be lost to them. He will take up his residence in Peking again in October. Dr. Morrison was born at Geelong, Victoria, Australia, in [illegible] Edinburgh Universities. He is M.D., C.M., F.R.G.S. His life, it is unnecessary to say, has been adventurous: in October 1883, for instance, he was speared in New Guinea, and the spear-head was only cut out of his body in the July of the following year. On August 26 last he was married quietly, at Emmanuel Church, South Croydon, to Miss Jennie Wark Robin, who was for two years his secretary in China. Mrs. Morrison, who is a New Zealander by birth and is in the twenties, has travelled a good deal, and was on a tour in China when she first met her future husband. Yuan Shi-Kai, the first President of the Chinese Republic, is fifty-four, and has the reputation of being the ablest statesman in China. His name has been particularly to the fore lately in connection with the discussion

图3 1912年8月31日《插图伦敦新闻》封面，图注是“中华民国第一任总统的政治顾问莫理循博士和总统袁世凯”。这是为了强调莫理循的知名度和重要性，媒体伪造的照片。莫理循对这张照片评注说：“许多图片新闻刊载我的画像，最有趣的是伪造我站在袁世凯身旁并以一份文件请其过目的那张画像。这是总统和他的秘书蔡廷干的快照，不过蔡的头被我的头取而代之了。”

莫理循是谁？林轼垣为何给大名鼎鼎的莫理循写信呢？

莫理循，澳大利亚人。他从 1897 年任英国《泰晤士报》驻北京记者，1912 年被袁世凯聘为政治顾问（图 3）。袁世凯去世后，他仍任北洋政府顾问至 1918 年，在中国生活了二十一年。这二十一年的历练，使一名医学博士成长为了闻名中外的“北京的莫理循”。1917 年 11 月到 1918 年 5 月，他休假回澳大利亚和新西兰探亲、访问，受到官方和民间的极高礼遇，一路上“充塞着访谈、演讲、午餐、晚宴、欢迎”，他很享受这种在聚光灯下的名人光环。他在惠灵顿参加一次活动后，在日记中写道：“如果没人邀请，或者没有头面人物出席我的演讲会，我倒会感到烦恼。”这是他生前最后一次回他的故乡澳大利亚。他在 1918 年 12 月，受总统徐世昌之邀，以中国参加巴黎和会代表团技术顾问的身份前往欧洲，离开北京。巴黎和会期间，他因病到英国治疗，至 1920 年去世，再也没有回到中国。

林轼垣何时结交莫理循，已无从考证。但从林轼垣写给莫理循的这封信中说“收到你上月 10 日的来信”（骆先生说此信没有找到，不知写了啥），“你还曾慨允为我设法在各方面相助”来看，他们不单有通信，可能还见过面。这封信的主要内容是恳求莫理循帮助，请新西兰政府废除有损中国人尊严的人头税。林轼垣说：“你最近访问新西兰时受到的隆重欢迎，证明你在这个国家和它的政府官员中所享受的崇高声望，没有人比你处于能够更好地为我帮忙的地位了。”

林轼垣作为中华民国驻新西兰领事，努力为保护本国侨民利益，据理力争。这封信写得有礼有节，不卑不亢，情真意切，令我肃然起敬。当时第一次世界大战尚未结束，中国加入了协约国，与英国（新西兰是英国领属国）是同一战壕的战友，共同对抗同盟国。林轼垣还试图说明中华民族为盟友做出的牺牲和奉献，以博得新西兰政府的同情。他写道：

> 我拟在新西兰召开下届议会时，向新西兰政府提出交涉，以使愿在新西兰永久定居的中国人，无论哪一类，除必须通过一次教育测验之外，都无须再缴一百(镑)人头税。自从议会于1908年通过法案，对中国移民施行教育测验办法以来，只有十五个中国人进入新西兰（已在新西兰入籍的华人的女眷及子女不在此例）。这个小小数目足以证明，教育测验在过去十年中，已成为防止华人大批入境的坚实壁垒。如果新西兰政府担心一旦取消人头税会引起华人大批入境，我相信我的政府准备同自治领政府商谈限制每年中国人移居新西兰的数目。我的主要愿望是维持我们国家的尊严。
>
> 唯独对中国人抽征一百（镑）人头税，显然是不公平地歧视我们中国人，而中国目前在战争日益紧张的时刻，已经并且正在继续使用种种物质办法对大英帝国在目前这场战争中的事业表示同情，新西兰政府更应废除这种有损中国尊严的税法。

新西兰的排斥华人立法开始于淘金热时代。当时，中国人是新西兰唯一来自亚洲的移民。新西兰为此制定了纯粹是针对中国移民的法律。自从新西兰于1881年开始对每一个中国移民抽征十镑人头税以后，那些知名的新西兰政治家几乎都是排华法案的倡导者和支持者。1893年，甚至有人主张应把人头税从十镑提高到五百镑，最后确定为一百镑。除去人头税之外，

图 4 1919 年，林轼垣和家人在新西兰中国领事馆官邸。墙上挂的肖像，一幅为林轼垣，另一幅为当地华人妇女。按习惯，官邸要挂主人夫妇的像，当时林轼垣夫人还没到新西兰，没有照片，就找了一幅当地女子的照片挂上。可见他在生活上不拘小节。

1908 年又推行了“限制中国移民”法案，这项法案建议“实行教育测验制度，要求每一个入境的中国人，必须能阅读一百个由执行测验的海关收税官随意选择的英文字”，以进一步阻拦中国人入境，以“有效地实现维护我们国内的种族纯洁性”。

莫理循是否曾应林轼垣的要求向新西兰政府游说，不得而知。但可以肯定的是，这个忙没有帮成。“种族歧视”在西方世界里是一个难以清除的痼疾。经过几代外交官和当地华人华侨的努力，新西兰人头税直到 1944 年施行了其他更巧妙、更隐蔽的限制中国移民法律时方才取消。到了 1947 年始有中国人获准在新西兰永久定居。

图5 1919年，林轼垣夫妇与侄女希嘏在新西兰中国领事馆官邸。希嘏陪同林轼垣夫人从中国去新西兰，并留在新西兰读书。回国后在江西一所中学教书。

承蒙北京外交学院郑启荣教授、复旦大学马建标教授、福建省地方志编纂委员会卓亦明老师等方家的悉心指导和帮助，查阅了1918年印行的田原祯次郎编《清末民初中国官绅人名录》、故宫博物院明清档案部和福建师范大学历史系合编《清季中外使领年表》、“中华民国驻纽丝纶（惠灵顿）领事（1912—1939）年表”、张德彝著《八述奇》等资料。综合各种资料，笔者尝试为林轼垣做个小传：

林轼垣（1876—1955），字蔚岑，福建侯官（今福州）人，林则徐第三子林拱枢之孙。清末民初外交官。北洋水师学堂毕业。历任驻英公使馆随员（1901.10—

1906.3）、福建洋务局翻译委员、分省补用知县、驻温哥华领事（1911.10—1917.10）、驻新西兰领事（1917.10—1922.5）。归国后，怀抱“实业救国”的理想，与林灏深、林步随等兄弟投资兴办实业，终因时局动荡，且不善经营，没有成功。1938年后避居上海法租界当寓公。1955年逝世于上海，安葬在复旦墓园。

所查资料中没有明确林轼垣何时任“福建洋务局翻译委员”。“福建洋务局”存在时间很短，只有十年，档案资料鲜少。鸦片战争后，清政府开放五口通商，厦门、福州均为五口之一。福建设招商总局，专办英、法等国通商事务。1866年，设福建通商总局，承办对外通商交涉事务。1899年，福建通商总局改称福建省洋务局，1910年裁撤。以此推测，林轼垣任此职应是在他从英国回来、赴温哥华任职之前。

“分省补用知县”不算实职，只是个身份。我对林轼垣在任温哥华领事之前有个“分省补用知县”的身份很好奇。“分省补用知县”是取得做知县资格后，经吏部铨选，被分配到某个省，待有空缺后补用，相当于现在的“后备干部”。知县在全国的名额是固定的，只有当某知县去世、调职、致仕或被革职等情况发生时，才有空缺出来。获得“补用知县”的渠道有两个：一是考取，二是捐纳。每有实缺，通常是进士优先，举人次之，拔贡更次之，捐纳最后。有的人要熬十几年才得补实缺，而一任只有三年。林轼垣受过西式教育，又出使英伦多年，开眼看了世界，会对这后备的七品芝麻官感兴趣吗？他是通过考取，还是捐得的“补用知县”的身份呢？一切已湮没在历史的尘埃里了。

图6 英国《名利场》杂志系列漫画中的张德彝。图注为“他被召回北京，担任天子的英语教师”。

想起严复，曾留洋多年，他在北洋水师学堂任总办时写的《送陈彤卣归闽》中的一句诗“当年误习旁行书，举世相视如髦蛮”，自悔由于学了横向书写的英文，在社会上被看作如同洋人般的异类，心生悲凉，深感失意。他三次科考落第，连捐带保才“以道员选用”。严复是近代维新派的代表人物，大力推举西学，但是在那个时代，人们仍然视科举为正途，期望通过科举晋身，以实现自己的人生抱负。林轼垣的上司、驻英公使张德彝（图6），毕业于北京同文馆，一生八次出国，在国外度过二十七个年头，是职业外交官，曾当了光绪皇帝五年的英文教师。他晚年却并不为自己的经历而自豪。他教导他的子孙：“国家以读书能文为正途……余不学无术，未入正途，愧与正途为伍。而正途亦间藐与为伍。人之子孙，或聪明，或愚鲁，必以读书为要务。”他为自己学了英语，没有走八股入仕的正途而遗憾。严复、张德彝尚且如此看重“正途”，我们也可以理解林轼垣对“分省补用知县”身份的眷念。

1911年10月，林轼垣被任命为驻温哥华领事时才三十五岁，任期跨清帝国被中华民国革故鼎新，经袁世凯、黎元洪两任总统。这期间国内时局多变，国外波谲云诡。第一次世界大战期间，日本帝国主义趁欧美各国无暇东顾，1915年1月18日，日本驻华公使日置益向袁世凯总统递交了妄图灭亡中国的“二十一条”秘密文件。消息传出，震惊中外，举国哗然，人们强烈抗议，呼吁不得与日本签约。1915年6月10日《东方杂志》以“救国储金活动遍布各省”为题，报道：

> 我国国民对于此次中日交涉愤慨特甚。各省长官屡次联电外交部请责，各地人民多结合团体，迭次开会讨论，其最著者，如国民对日同志会、劝用国货会、救国储金团等。或上书政府，请勿退让，或唤起国民，实行爱国，其热诚皆有足多……
>
> 救国储金之计画，系劝国民自行输款，存储国家银行，俟额满五千万时，由存款人议决用途，作为设立兵工厂训练陆海军振兴国内工业等需。先是，有人投函上海各报，

发表意见，即有多人赞成，遂在上海设事务所，以计画告诸政府，亦表同意。四月九日，中国银行开始收款。现上海一埠已达五十万元，各省皆闻风继起，事务分所之成立者，已七十余处，北京亦于五月八日成立。人民之储金者，均极踊跃。

侨居世界各国的华人华侨积极响应祖国号召，募集军费驰援祖国。据《中日“二十一条”交涉史料全编》统计，收到海外声援电报多达二十四封。如，1915年3月12日中国外交部收檀香山少年演说社电：“大总统暨各部及报界鉴：日妄要求，请拒绝，宁死战，愿筹饷。”

林轼垣积极发动华侨筹款，1915年4月29日，中国外交部收到他从温哥华发的电报：“外交部：十码。据域多利中华会馆爱国团长李梦九禀称，已募集军饷二十万元，为决定，恳密示，转请电呈大总统钧鉴等因。理合电闻，并恳代呈。……林轼垣叩。二十七日。”其身居海外，情牵中华，可见一斑。

据石晓宁在《一战中加拿大国民党支部“党禁”事件始末》中披露，1916年，林轼垣还被卷进了加拿大华人社区的激烈党派之争。

加拿大的华人在辛亥革命前，支持孙中山革命，尤其是加拿大的洪门致公堂，将堂所抵押，筹款捐助。民国建立后，洪门与本地华人社区始终认可袁世凯以及后来的北洋政府的合法性，认为民国伊始，排满革命任务已完成，国家要共和宪政、稳健建国。“二次革命”后，孙中山的再度革命、再造共和的主张使得国民党与加拿大以洪门为首的华人社区产生了激烈的冲突。冲突首先表现在报端。洪门机关报《大汉公报》与国民党机关报《新民国报》形成了拥袁与反袁、宪政与革命的论争。洪门一方批评革命党人“知破坏而忘建设，只爱党而忘国家”，国民党“要唤起民众，推翻现政权”。党争不断，造成了加拿大华人社区的分裂与敌对。林轼垣由于多次寻求加拿大警方与司法部门参与，要求禁止《新民国报》，与国民党矛盾日深。1916年12月，以温哥华大同阅书报社社长身份示人的国民党支部总理陈树人等人，向中华民国外交部状告林轼垣曾在袁世凯洪宪时期“庇护帝制党派，辱国殃民，请速撤换”。同时罗列了许多林轼垣“贪赃渎职”的行为。袁世凯去世后，黎元洪执政，国民党此次倒林行动，是向新政府清算旧官员。党争双方都告到北京外交部，尤对于林轼垣案“或控告，或保留，所执理由，判然各异”。当时的外交总长伍廷芳，遂令加拿大总领事杨书雯前往查清真相。

一直没有在相关史料里看到对林轼垣案的调查结论，想必是“查无实据”，不了了之，否则不可能在事后，又任命他为驻新西兰领事。

外交官就是这样在大风大浪里成长起来。

我微信联系到了林轼垣的外孙、林子东的儿子孙海丁老师。他很热情地发来了家里仅存的林轼垣的照片。这几帧照片历经磨难，极为珍贵。曾在郑芳所著《16个福州家族的百年家史》一书里见到的那张林轼垣个人照，原版是有林轼垣娟秀的小楷亲笔题识的（参见图2），而郑芳书里用的没有，这令我十分兴奋，读其题识，似听到他对亲朋的低语笑谈：

择业不慎，滥厕外交。冲风涛，跋险阻，桴浮四海，辙绕二球，侣与黄须碧眼儿相激战，日敝精于敦槃壇坫间，不觉衰朽催迫，鬓毛凋落。盖自三出国门，迄今又八稔矣。此八稔中自新大陆辗转来南，各去中州一二万里，前则昏旦殊时，今则寒燠迥异，叹萍踪之无定，怅岁月之如流，建树毫无，私心媿赧。遐思古人，长枕大被，华萼相辉之盛，感慨益难自已。东归何日，北望怅然。拍兹影自怜笑，爰书数语，以抒胸臆。

己未仲秋蔚岑识于纽丝纶官舍

“择业不慎，滥厕外交”“建树毫无，私心媿赧”，虽是自谦，可否也有与严复、张德彝辈同感没有进入“正途”的遗憾？“敦槃”“壇玷（坫）”，都是指代外交及谈判场所。“侣与黄须碧眼儿相激战，日敝精于敦槃壇玷间”，展现了一位弱国外交家舌战群儒、长袖善舞的万丈豪情。“激战”二字，浓缩了当年外交场上的多少刀光剑影和弥漫硝烟。披泽“长枕大被，华萼相辉之盛”，兄弟友爱、手足情深的温馨，是林轼垣一辈子的感念。“东归何日，北望怅然”，虽贵为外交官，也与常人一样，饱含着海外游子的思乡忧伤。

这张照片拍摄于“己未”年，即1919年的新西兰（纽丝纶）官邸，从1911年任驻温哥华领事，1917年转任新西兰领事至1919年，正是“八稔”。1922年任职期满回国后，林轼垣再也没有涉足职场。这帧照片，林轼垣冲洗了多张，都题了同样的款识，个别字有差异，可见是经他反复推敲的。这是林子东家里仅存的林轼垣墨迹，可以说是林轼垣职业外交生涯的真实写照。

带上鲜花，带上祝福，在海丁老师的陪同下，拜访了世纪老人林子东先生，倾听她讲述林轼垣和家人的故事。

老人精神矍铄，思维清晰，说要走进5G时代。她与我一见如故，侃侃而谈，毫无生分之感。老人在南方虽已生活了八十多年，一开口还是地道的北京口音，里面分明镌刻着她童年的烙印。

从林则徐儿子林拱枢那一代起，就开始在北京发展。林子东1921年出生在北京。十四岁前基本都在北京东四四条的一个大四合院里生活。爷爷是林拱枢的长子。子东从没有见过爷爷奶奶，不知道他们的情况。林轼垣兄弟八人，没有姐妹。他排行第七，林步随排行第八。

北京的大宅院里住着三兄弟：她生父林步随一家，养父林轼垣一家，还有三伯父林灏深一家。林灏深是光绪二十一年（1895）的进士，曾任分部学习、学部右参议、学部左参议、弼德院参议等职，是朝廷的正四品官员。他挽张之洞的对联，“时事多艰，如见独居深念日；风流未尽，怅望后来继起人”，一直被后人视为金句。他有三男三女，长大后大部分都出国了。晚年他迁移上海，单身独居，后在上海去世。

林轼垣从新西兰回国时，已年近五十，膝下无子女，林步随就张罗过继一个孩子给他续香火。林子东兄妹六人，她与二姐是双胞胎。传统观念，过继一般要男孩，1923年弟弟出生后，原想把小弟过继给林轼垣的。可是弟弟太瘦小了，林轼垣夫妇怕养不好，对不起林步随，转而看上了双胞胎。二姐小时候爱哭，就选了较皮实的小子东了。这时子东约三岁。

“您养父没有孩子，为什么不纳妾呢？这在旧社会是很正常的事啊。”我想八卦一下林轼垣。老人笑了，说：“他大概受西方思想的影响，懂得尊重女性。我养母比养父年轻十二岁，

很漂亮的，他不会再去想别的女人了吧。再说，养母也是厉害的呢，他不敢。哈哈。”（参见图7）

关于林轼垣的外交生涯，都是林子东出生以前的事了，她极少听养父母提起，所以不知其详。郑芳的《16个福州家族的百年家史》封面照片，是子东约五岁时，大概是1926年，林轼垣夫妇带子东回福州暂住时所拍摄的。当时租住在福州三坊七巷的三官堂(参见图1)。海丁老师又给了我一个惊喜，这张照片，原版是有衬卡的，上有“二妙轩”照相馆的标识。研究中国近代摄影史的爱好者一定会视其为珍宝，现已难觅得有“二妙轩”标识的老照片了。“二妙轩”是福州城较早开张的照相馆之一。

图7 1919年，林轼垣美丽的夫人钟锦棠在新西兰。

标识的设计很有现代感，有福州、南门兜的花体英文拼写，电话号码也已是三位数，可见当年福州的近代化程度。从照片上可看出，林轼垣租住的房子是很洋派的建筑，有西式百页门窗，家里已装了电灯。福州是中国第一批拥有市内电话、电灯、自来水等近代化设施的城市。全家福里，个个绫罗绸缎，衣冠楚楚。林轼垣脱去了西服，穿一袭长袍马褂，虽年已半百，仍器宇轩昂。养母钟锦棠是福州大户人家的千金，此时也把洋裙换成了唐装，挽着传统的发髻，端庄而典雅。子东穿着小皮鞋，戴着长命锁，一派小公主范儿，可见是爸妈手心里的宝。看来当时他们家的生活品质还是不错的。

"养父母对我很当回事哦，你看我还健康着呢，独女，从小养得好。"老人说起时，脸上还漾着甜甜的幸福感。林子东虽然过继给了伯父，但养父母仍让她与同胞兄弟姐姐们一起玩，一起读私塾，兄妹们感情很好。家里请了先生教授国学，林轼垣和林步随亲自教授英文。所以兄妹几个国学和英文都非常好，没有进过正式学堂，可以直接考上中学。林子东考上了福州三山中学，二姐考上北京女一中，小弟考上北京男二中。

林步随（图8）小林轼垣四岁，和三伯父一样，是进入"正途"的。他是清末最后一代翰林，任翰林院编修。曾被派往美国任留学生总监督八年。这期间，他进入美国西北大学学习英语，攻读法学，并结交了顾维钧、颜惠庆、施肇基、王宠惠等中国外交官。北洋政府时代曾任国务院秘书长、铨叙局副局长、币制局副总裁、税务专科学校校长等职。他还担任过袁世凯的法律顾问古德诺的翻译，将他著名的《共和与君主论》，由英文译成中文在《亚细亚日报》发表，在当时产生了巨大影响。北伐战争以后，他弃官从商，想走实业救国之路，和林轼垣、

图8 林轼垣的弟弟、林子东生父林步随。

图9 林步随的夫人、林子东生母傅璇漪。

林灏深一起，把多年的积蓄几乎全部投资实业。他先后开办过山西汽车运输公司、通州电力公司，担任过天津聚兴诚银行经理等。但在军阀混战、政治动荡的年代，他们不断地被劫受骗，加上身为书生也不善经营，最终血本无归，家道中落，沦为寓公。林步随晚年常和陈宝琛等清朝遗老轮流在各自的家里举行诗会。

在北京大宅院里，年幼的子东印象很深的是，生父家里的敲木鱼声和养父家里的麻将声。生母傅璇漪（图9）是湖南人，道台的女儿，在京城有几门显赫亲戚。她三姐夫瞿鸿禨，是军机大臣。她大姐的儿子朱启钤，曾任北洋政府交通总长、内务总长、代理国务总理。她是个虔诚的佛教徒，家里有她专用的佛堂，只有她有钥匙，每天上下午两次雷打不动地净手、点烛、焚香、翻读经书、在跪垫上敲着木鱼念经，一丝不苟，毫不含糊。二哥原名佛心，可能是她的精神寄寓。养父家却是高朋满座，三天两头就有亲朋好友来家里搓麻将。

林子东关于战争的记忆是从十岁时开始的。1931 年日本侵华，有亲戚从东北带着家眷逃难到北平，兵荒马乱的恐惧感刺痛着她幼小的心灵，也播下了她爱国的种子。1935 年，为避战乱，林轼垣夫妇带着子东回到福州。1938 年，日本人的飞机也开始轰炸福州了，林轼垣一家又逃往上海法租界。子东从福州三山中学转学到了上海华东女子中学。一家人颠沛流离，居无定所，

图10 1938年家族合影，摄于上海。坐者中林轼垣、右林轼垣三哥林灏深、左十三叔；立者右一林轼垣夫人钟锦棠，左二林子东，左六林子东大姐林圣观，右二林子东三伯父的三女儿林婉宜，右三十八婶，右四十三婶，左一、左三、左五十八婶的儿女，左四十三叔的女儿。林子东说，家族太大了，还有二十四叔呢，不过都不记得他们的名字了。

成为“高级难民”。那时家里可能还有一些老底，虽没置房产，温饱还是没有问题的，不至于沦落街头。那一年，子东的生母去世了。当时她的大姐在上海红十字医院工作。在上海的族亲有一张合影（图10），林子东和大姐都佩着黑纱，是为生母戴孝。从照片上看，养父林轼垣这时已没有风流倜傥外交官的精气神了，完全成为一介布衣。

1940年，林子东考上了沪江大学。第二年暑假，她到北平看望生父及兄弟姐妹。正逢燕京大学夏季招生，见二姐和弟弟都在燕京大学读书，她征得养父林轼垣的同意，就应试转学燕京大学，被录取了。在燕京大学读了不到一个学期（图11），1941年12月太平洋战争爆发，日本人把校长司徒雷登逮走了，封闭了燕大，“华北之大，容不下一张书桌”，她又回到上海养父母身边，重上沪江大学。那时生父半身不遂卧病在床，不久又双目失明，于1944年去世。

“您与养父生活在一起，印象中最深的事是什么？”我问。林子东说，她印象最深的是，有一次放学回家，见父亲情绪有些激动，气呼呼的。原来，当时南京汪伪政府的“行政院院长”梁鸿志与林轼垣是福州同乡，知道林轼垣的外交才干，派人送了一封信到上海给林轼垣，请他出山，到汪伪政府任“外交部部长”。林轼垣当场把信掷还给了送信人：“我是文忠公（林则徐）的后代，绝不当汉奸！”字字铿锵，铁骨铮铮。林则徐“苟利国家生死以，岂因祸福避趋之”的名言，一直是世代相传的家训。

1942年，林子东受进步思想的感召，瞒着养父母，放弃了学业，参加了新四军。虽然怀有对年逾花甲老人的牵挂和愧疚，于心不忍，但自古忠孝两难全，挡不住年轻人投奔革命的满腔

图11 1941年，在北平合影。左林锦双（傅秀），右林玉偶（子东）。一对风华正茂的姐妹花。从小娇弱的锦双这时改名傅秀，此时已是中共地下党员。傅，是母亲的姓，锦，即为绣（秀）。“文革”时期，她蒙冤入秦城监狱七年，身心俱损。玉偶，参加革命后改名子东，取紫气东来之谐音。

热情。

参加革命后，为了安全，与老人的联系极少，偶尔通过地下交通员送封信，报个平安，其他不便多写。养父母也不知孩子的地址，没法给她写信。1946年，林子东与《新华日报》淮阴版的记者孙明相爱，在淮阴根据地结婚时，写了一封信告诉养父母。养父母不能前来祝福，是两位老人的莫大遗憾。直到上海解放后，林子东随部队进入上海后，才请假回家探望了养父母。1949年后，林子东被派往福建，新中国刚建立，百废待兴，无暇照顾养父母。老两口相依为命，仍生活在上海。林轼垣1955年去世时，林子东因工作太忙，没能去上海参加葬礼，一直是她心中的痛。林轼垣去世后，林子东把养母接到福州身边一起生活。“文革”开始，林子东两口子就被当成“走资派”

图 12 1934 年，林子东的兄弟姐姐在北平合影。左起依次为：李良（林曾同）、林兴（林佛心）、林圣观、凌青（林墨卿）、傅秀（林锦双）。

打倒了，还被抄了家，并连累了养母。后全家下放到农村。养母因长期居城市，不习惯农村的生活，就倔强地一个人在福州租房住。直到林子东被“解放”重新回福州工作，全家人才团聚。养母于 1978 年去世，享年九十一岁。

林子东参加革命后，不方便与北平的兄弟姐姐联系，互相不通音信。1945 年林子东调到淮阴新华社华中总分社任记者。日本投降后，国共开始谈判，在北平成立了“军事调处执行部”，简称“军调部”，向各地区派出观察小组，执行停止内战的任务，禁止双方军队的战斗接触，妥善处理双方军队的相处与整编问题。有次林子东负责接待一个观察组。观察组里有一美籍日裔观察员叫有吉幸治，是位记者。在闲谈中，这位记者说，他来中国后结识了不少中国朋友，在延安有凌青，在冀东有傅秀，在北平有“军调部”的翻译林圣观。林子东惊呆了，这几位都是她“长枕大被，华萼相辉”的亲姐弟啊！

林子东的兄弟姐妹，除了大姐在“军调部”工作时遇过一位德国教授，相爱结婚，1947 年随他去了德国外，其他几位都在 20 世纪 40 年代脱离了没落的封建官僚家庭，投身了革命洪流。

图 13 1979 年出版的《烈火真金》书影。封面是李良烈士画像，为著名画家沈尧伊所作。林子东认为，像画得很好，神形兼备。李良，原名林曾同，因与曾祖父同生日，故名。后为纪念一位李姓共产党员同学引领他参加革命，改姓名李良。

大哥，李良（1917—1969），原名林曾同。就读于北京大学。1946 年参加中共地下党。1949 年后，仍在秘密战线工作。“文革”期间被诬为“国际间谍”迫害而死。1977 年 12 月 31 日，李良被追认为烈士。1978 年 7 月 18 日，公安部发出“向公安战线的英雄李良学习”的号召。1979 年 4 月，公安部把他的事迹编成一本书《烈火真金》（图 13），罗瑞卿大将题词：“李良同志称得起公安战线上一名英雄！他在毛主席的路线指引下，同党内外、国内外的阶级敌人都作了宁死不屈的斗争。”海丁老师送我网上淘来的这本书，读得我唏嘘不已。

二哥，林兴（1919—1993），原名林佛心。就读于辅仁大学。1945 年参加革命，后入伍解放军。

二姐，傅秀（1921—2001），原名林锦双。就读于燕京大学。

1941年加入中共地下党，后参加八路军。

林子东，原名林玉偶，就读于沪江大学、燕京大学。1942年参加革命。1949年8月17日，是她发出的第一条《新华社福建前线十七日电》，向全国宣告福州解放的喜讯。2007年，她和老伴就共同立下书面遗嘱："不举行追悼会和遗体告别仪式，谢绝送花圈，骨灰撒入闽江。"老伴原是福州市副市长，2014年，九十四岁高寿过世时，她为老伴完成了"遗体捐献"的愿望，她自己也在福建省民政厅做了承诺"遗体捐献"的登记。

小弟，凌青（1923—2010），原名林墨卿，就是那位差点过继给林轼垣当儿子的瘦小男孩。就读于燕京大学。1941年参加革命，在延安时期就任老一辈革命家毛泽东、周恩来等人的英文翻译，后来走上职业外交家的道路。1985年6月12日，时任中国常驻联合国代表的凌青，代表中国政府向联合国递交了《中英联合声明》。1997年香港回归之际，凌青写了一首七绝《庆祝回归，缅怀高祖》，以告慰先祖林则徐："粤海销烟扬我威，但悲港岛易英徽。国耻家仇今日雪，只缘华夏已腾飞。"

林轼垣弱国无外交的职业生涯，为中国人争取尊严的"中国梦"，定格在了1922年。他的子侄们和中国人民一起，经过艰苦卓绝的奋斗，续写了炫丽篇章。

作为革命者的苏曼殊

——国家图书馆藏苏曼殊历史照片考辨之二

张　萌

比起谜一样的出身和疏离的家庭关系，苏曼殊的交友圈倒是颇广。从赴日求学时期开始，他留下的照片以与友人的合影居多。

苏曼殊的故乡在广东省香山县沥溪村，这片土地在清末民初的中国具有重要意义。香山县不仅是中国第一个留美学生容闳的故乡，也在其影响下洋务派选派出了一批留美幼童。此后越来越多的留洋者从这里走出去，这里也逐渐成为中国的华侨乡，侨居和留学在这里是普遍现象。留学生们在国外甚至可以组成广东香山县同乡会。尤其是在1895年甲午战争失败后，北洋水师的全军覆没让清廷中改良派的官员们感受到了奇耻大辱。19世纪60年代，中日两国都开始寻求强国之路，中国发起了洋务运动，日本推行明治维新。三十多年过去，日中社会的发展在这几十年间拉开了显著的差距。甲午一战的失败，让朝野一致开始关注身边这个弹丸之国，1896年第一批赴日中国留学生才十三人，至1906年这个数字就变为了一万两千余人。留日风潮在国内十分火热，不仅有清廷派出的大量官费留学生，民间也有很多自费留学生赴日学习军事、技术等，渴望学成后

图 1 苏曼殊（右）与从兄苏维翰合影。摄于 1912 年。

回国效命，为中国富强寻求出路。

1898 年，苏曼殊随表兄林紫垣进入横滨的大同学校学习，时年十五岁。这所学校虽然设在日本，但实际上是一所华侨为教育下一代而开办的私立学校，教授中、英文预科。苏曼殊在这里度过了四年的学习时光，国内局势也与他的留学生活紧密相关。这所学校的名字是康有为起的，里面任教的中英文教师也是康有为推荐的，其时他正在国内积极地参与变法，先是公车上书，又是百日维新，严重威胁到保守派的利益，中国驻日外交官唆使横滨的华侨社团首领破坏大同学校这个滋长维新思想的温床。1902 年，大同学校的存亡进入紧急关头，林紫垣把苏曼殊和其从兄苏维翰一起送去东京读书。虽然二人不在同一学校，但是联系较为密切。1912 年，苏曼殊从噶班归国时曾在香港逗留，与苏维翰见过面，二人留下合影一张（图 1），馆藏同底版照片有三张，其中一张背面有柳亚子钢笔手书“曼殊与其从兄墨垒合影　季春摄于香港　原片藏曼殊从弟维騄处”。

1902 年对留日中国学生来说是不平凡的一年。是年 4 月，革命党人章太炎在东京召开集会，积极宣传革命。七八月份东京发生了震惊留学界的成城学校入学事件（朝廷视自费生为乱源，限制其进入培养陆军士官的成城学校，最终事件上升到抗议的留学生代表“以死上谏，换取留学生民权自由之思想”的地步。在清驻日公使的请求下，此举被日本政府制止，并将其遣送回国。其根本还是革命党与清廷之间的矛盾）。这年冬天，留日学生和青年革命志士便成立了中国青年会。苏曼殊进入成城学校后也加入到这个具有鲜明革命色彩的群体中，秦毓鎏处藏有一张青年会在当时拍摄的合影（图 2），曼殊位于后排左数第五个。这里面大多数人都是早稻田大学的学生，比如秦毓鎏、冯自由和苏曼殊。他们也积极参与留日学生运动，钮瑗、秦毓鎏和张肇桐在成城学校入学事件中就曾作为学生方代表，对运动的推动起到一定的作用。合影中也有中国共产党创始人之一陈独秀。国图馆藏此照片背面钢笔手书如下文字：

> 壬寅冬青年会摄影　在日本东京（秦毓鎏藏）　自左而右　先上后下　1胡景伊（文澜）　2金邦平（伯平）　3□□　4汪荣宝（衮父）　5苏子谷　6萨端（韵坡）　7王嘉驹（伟人）　8蒋震方（百里）　9华鸿（裳吉）　10嵇镜（涤生）　11吴绾章　12□□　13钮瑗（翔青）　14□□　15□□　16谢晓石　17潘赞化　18秦

图2　壬寅年冬青年会在日本东京合影。后排左五苏曼殊，前排左四陈独秀。

毓鎏　19 陈由己（仲甫）　20 熊慕蘧　21 周宏业（伯勋）　22 张肇桐（叶侯）　23□□　24 董鸿祎（恂士）　25 董伟堂

此外，馆藏亦有这年留下的广东留日学生合影一张（见封二），照片背面有柳亚子先生钢笔手书：

壬寅年广东留东学生摄影（后排从左至右）“香山苏子谷即曼殊”“鹤山冯瑞岐”“鹤山黄润贵”“香山杨梦波”“鹤山王霈霖”（中排从左至右）“鹤山冯斯栾”“香山郑华星”“南海冯懋龙　自由”“南海罗籍刚”“香山苏维翰　墨垒”“香山唐玉书”（前排从左至右）“鹤山黄锡权”“香山张文渭”“花县汤时敏”

时间和空间恰到好处的碰撞，促成了苏曼殊卷入这个改写了中国历史的革命群体。首先他是广东香山县人，赶上了甲午后的留日热潮，而同乡兼革命之积极推行者孙文把寻找革命新生力量的目光放在了留日学生身上。1900 年，随着义和团事件、自立军起义和惠州起义的爆发，清政府的统治摇摇欲坠，激进分子多流亡到日本并群集东京。革命思想在日本留学生中间迅速蔓延，使他们成为革命的新兴火种。这其中诸多革命人物都与苏曼殊有交集，如宫崎寅藏、邵元冲。1916 年，他们同在西湖二我轩留有合影一张，图书馆藏有这张合影的翻拍照片，原照为裱卡照片（图 3），原照上有毛笔手书如下：

左立倚栏者黄君真民　托腮而坐者曼殊大师　坐中座

者邵君元冲　右坐者白浪滔天宫奇（崎）寅藏氏也　四君皆我旧友　民国五年宫奇（崎）君应同人之约来游卤（“西”的异体字，下同）湖　曼师邀其至二我轩留一小影　丌时余以他事不及陪　此照系寅藏氏临行贻我作纪念也　丙辰新秋　徐忍茹识于卤湖工程局之人倚楼。

通过这段文字可以获得一些信息，照片上左侧靠栏杆的人为黄真民，托腮者为曼殊，坐在中间的是邵元冲，坐于右侧的是宫崎寅藏。这张照片为时任浙江西湖局局长的徐忍茹所题记，但他自己并未出现在照片上。这次西湖之游系宫崎寅藏应约而

图3　苏曼殊（左二）与邵元冲（左三）、宫崎寅藏（右三）等合影。摄于1916年。

来，其间苏曼殊邀请同游的几个人一起到二我轩（杭州老牌照相馆，创建于清光绪年间，位于杭州湖滨路至平海路，专门从事黑白人像拍摄与人物写生绘画。1909 年至 1936 年间在《申报》上刊登过广告，1933 年在上海开设分馆）合影。民国初期，日本政府沿用对清末留日学生的积极接受、消极教育和利己管理政策，又要面对该政策带来的负面效应：留日者反日。这与其培养留日学生“亲日倾向”和借此扩大日本在华势力的目的相反。与此同时，北京政府希望日本政府协助监管留日学生的反复请求。因此日本政府以自身利益最大化为目标，既暗中调查、秘密监控留日学生中的政党势力、政治活动等，严防他们的“反日”活动，又同时采取选择性监管，以被动、配合性的管理游走于留日学生与北京政府之间。1912 年 12 月 2 日，外务省收到密报：国民党在日本东京设立支部，派遣夏重民到日活动，且已于 11 月 27 日在牛込区西五轩町清风亭召开支部成立大会，参会者百余人，经过几轮演说，选举冯裕芳、黄真民为正、副部长，余祥辉任干事长等，并在 决议宗旨、政纲后散会。12 月 9 日，外务省又接到密报：中国国民党东京支部各省代表六十余人，在清风亭开会，重点讨论该支部关于《俄蒙协约》应采取的对策和方针。密报中提及的国民党东京支部选举出的副部长即为此次合影中的“黄君真民”，可见他也是留日学生群体中政治活动的积极参与者。宫崎寅藏是日本的改革家，一直很向往中国革命，也是黄兴与孙中山初识的主要牵线人，他于 1897 年即已主动结识孙文，深受其革命情怀的感染，暗中筹资支持革命，并把他引荐给日本的政治家们。可以说辛亥革命的胜利，离不开他的帮助。同游者邵元冲是中华革命党人，他于 1911 年留日。苏曼殊在日本时就和该党派的几个重要成员关系交好，这其中便有邵元冲。在拍摄这张照片时，苏曼殊已不再是那个沉浸在“海天龙战血玄黄，披发长歌览大荒”（见苏曼殊 1903 年离开日本时的诗作《以诗并画留别汤国顿》）情绪中的青年革命者，但是他与这些早期革命党人一直维持着亲密的友谊。

纵观苏曼殊的一生，革命思想在其 1903 年出家前有较为显性的表现，尤其是在他的旅日求学期间，这种思想很大程度上受到了当时环境的影响。虽然出家对苏曼殊来说是思想上的一个转折点，但是也不能断言他在这之后对革命就漠不关心了。陈独秀看他看得透彻，认为他的癫狂是装出来的，“若信了，就真的上了曼殊的当”。这件事也可以从苏曼殊的信札中得到证实，在嗜班时期他仍关注着国内革命的动向，况且他的故识多为革命党人，只是受到了刘师培叛变，以及刘师培与章太炎关系交恶等事件的影响，对革命的希望一时间有所幻灭。

（图片由国家图书馆提供）

我和北师大女附中（下）

徐礼娴

毛主席给女附中学生批日记

1957 年秋天，高中生活开始了。

记得是初三最后一年的三八妇女节，班主任谢蕴慧老师站上讲台，说的第一句话是：“祝贺全班同学——三八妇女节快乐！”大家听了“妇女”二字，感觉太过别扭，竟然异口同声地一致嚷叫：“我们不是妇女！”还有人嚷说：“我们不当妇女！”谢先生哭笑不得地看着我们。

唉！我们都不情愿地长大了。当我们从少年迈步成长为青年，初中三年与高中三年的生活发生了天翻地覆的变化，对我们一生的发展具有极大的影响。

1957 年下半年，轰轰烈烈的反右斗争开始了。我们都是些单纯幼稚的中学生，根本不能了解阶级斗争对我们的意义。政治大浪席卷而来，全社会和女附中完全被卷入政治化的日常生活。女附中有十二名老师被打成“右派”。我们熟知的李宁先生的爱人是“右派”，班主任谢蕴慧先生的爱人是“右派”，女附中出色的语文教师、学生极为崇拜的丁斐若先生也是“右派”。丁先生是著名诗人、翻译家肖三的侄女，肖三翻译了最初的《共产党宣言》《国际歌》。我们无比崇拜的英雄董存瑞的饰演者演员张良，竟也成了“右派”。

化学教研室洪绍麟老师被打为“右派”后下放至苦寒的边远地区，妻子与他离婚，并带走儿子，从此不得相见。平反后，他虽然回到女附中教课，因再婚的妻子没文化，性格暴躁，常常吵架动手，洪老师常常苦闷地抽烟喝酒，后得癌症不治而去。

政治大浪席卷而来，再好的学生也不能以学习为主业了。我们参加“双反运动”（反浪费，反保守）、红专交心思想运动、总路线宣传、“大跃进”、整团运动、打麻雀运动、大炼钢铁赶英超美、庆典操练游行、沿街夹道欢迎外宾、“五一”和“十一”游园活动，等等。老师们就更忙了，除了指导学生的思想教育、劳动教育等，更要忙自己的教改、自我交心写材料、狠挖个人主义一闪念，等等。

女附中有个教授俄语课的老师马新云，是鲁迅先生的儿媳妇，上下班骑着一辆电动摩托车，来去风驰电掣。这是女附中所有老师和学生里唯一的一辆摩托，让人侧目而视，特别扎眼。学生们纷纷议论，说这是资产阶级化的动向，急得马老师一个劲儿地向大家解释：这是她先生周海婴用普通自行车改装的。周海婴是个钻研机械原理的专家。马老师家里有四个儿女还有年老的婆婆许广平，家务劳动琐碎劳累，没请保姆，周海婴心疼瘦弱的妻子，便自己动手改装成这辆省时省力的摩托，和资产阶级享乐作风根本扯不上。这件事，也就悄悄地过去了。不料几年后，这辆组装的摩托车还是出了麻烦，被一个高三的“小将”蛮横地抢走了。

也是在 1957 年的秋天，女附中高三学生的一篇日记偶然传进了中南海。

毛泽东主席的大女儿李敏，高我们几级，当时是高三毕业班的学生。她和林晓霖一样，都是在苏联儿童保育院长大的孩子，接回国后，李敏说着打嘟噜般的中国话，在生人面前很害羞，是个憨厚实在的人。她学习中国文化和语言困难重重，夏天经常看见她穿着蓝色衣裙，坐在操场的篮球架下背诵课文，她学习比别人更加刻苦，人也温厚谦虚。同学们都很喜欢她。

一天下午，高三团支部组织到北京郊区参加劳动，去菜地捆大白菜叶了。忽然狂风大作，下起雨来，班上的王柱芹有一本参加劳动、改造思想的日记，她担心被淋湿，顺手放在了地边的自行车把上的书包里。自行车恰是李敏骑来的。暴风雨里急急收工，李敏无意间把王桂芹的劳动心得日记带回中南海家里，被父亲看见了。

王桂芹的老家在河北阜平太行山区，每年暑假都回山区干半个月的活，记下的劳动日记风趣生动，是真实的劳动体会。主席一篇篇顺手翻看，颇有兴味，边看边写批语，修改错别字，万把字的日记，主席在三十多处画了圈，一个圈的，两个圈的，画三个圈的地方多达十九处。最后主席用铅笔写了两行批语："每年暑假回乡一次，极为有益。此文写得很好。住半个月不够，最好住一个月。"除去批语，还有给两个女儿的话，写的是让李敏、李讷必须看日记两遍。最重要的是，毛主席在日记的开篇首页，发出了指示："此文可在报刊上发表。"1958 年，这篇日记在《中国青年》上发表了。后来又成为中学语文教材，规定中学生作为课文学习。

毛主席的亲切关怀，让女附中上上下下热血沸腾起来了。学校责无旁贷地掀起了教育为无产阶级政治服务的高潮，教育

图 1 胡志涛

与生产劳动相结合的教程安排有：女附中带头白手起家搞起了校办工厂，如酒精厂、硫酸厂（但北京市委说没有原料供应，中途流产）；校内劳动发展到与附近工厂挂钩，到西城低压电力厂、强生电器厂、广播事业局的工厂参加劳动，与厂方订立了劳动合同。后来，广播事业局的部分车间迁入我校，同学像工人一样，分班参加劳动，我们都学会了给电视机生产精密零件。

1958 年“大跃进”开始，学校积极响应。我们在老师带领下，到顺义县深翻土地，为赶进度，分片包干搞起竞赛，个个手握沉重的铁锨，玩起命来：一片片深深翻起的泥土，没过了膝盖，眼看土质都变成了浅黄色，还不罢休。没干两天，女孩子病倒一半以上，不得不送回学校。我们得不到表扬也罢，竟然遭到老农民的激烈反对：“你们这些学生，把生土都翻上来了，种下粮食不长，到了秋天，大家吃什么？”

胡志涛校长是延安来的老干部，头脑清醒，看见学生丢盔卸甲败兵似的回到学校，她冷静地改变了方针，从此不让我们再去农村，改让我们在学校东楼后边开辟的农业劳动园地大搞深翻土地，还在地里种了小麦、蔬菜。至于秋天有没有收成，就不重要了。

大炼钢铁开始了，学校动员学生到郊区挖来胶泥砌高炉，在宽广的操场上安装鼓风机，遍布土高炉群。顿时，大操场上黑烟滚滚，煤渣四溢。高三毕业班，日夜不眠，晚上炼钢，白天照常上课，许多同学过度疲乏，累得趴在桌上睡觉。其他班级夜晚轮流值班，累了，干脆就睡在炉子旁边。我们心中充满新鲜的自豪感！可不知占了学生多少学习时间，浪费了多少优质燃料，炼出的都是一块块一堆堆板结的铁疙瘩。老师判断：不像钢，还是铁。

上级领导却要女附中总结先进经验，四处推广。女附中领导心知肚明，不愿献丑，只能软磨拖延，再三地修改经验，最后不了了之。

那些年，在庆祝“五一”“十一”的全市大型艺术体操活动里，绝对少不了女附中的集体表演。1959 年逢建国十周年大庆，是个隆重的盛典，决定在首都召开第一次全国运动会，毛泽东主席及很多政要都会出席典礼。女附中的艺术体操自然要承担开幕式的亮点。彩排的关键时刻，偏偏有些人出了情况，跟不上音乐节拍，脚下乱了节奏，影响了队伍的美观，被点名批评。骄傲的女附中群体，自感奇耻大辱，回到学校竟都痛哭起来。这点芝麻粒儿大的小事，传扬开去，惊动了中央领导。一天，大家正集合在操场上紧张排练，不想贺龙、陈毅出现了，他们是专门给大家鼓劲儿来的。两位元帅风趣地一唱一和，称赞女附中的体操图案清晰，步伐一致，整齐划一，表演精彩。听到他们的现场鼓励，女孩子们群情激愤，斗志昂扬，高喊：一不怕苦，二不怕累！决心以鼓足干劲、力争上游的精神，全力以赴地排练好这场艺术体操。

这场表演，果然在全运会盛典上获得交口称赞和雷动的掌声，女附中又一次在全国人民面前出尽风头。

这一学年，我们的学习成绩普遍下降，高二某班的外语成绩四十五人中有三十二人不及格，另一班也有二十二人不及格。还有的同学，三门功课都不及格。一个班上有如此众多的同学参加补考，这在女附中的历史里，是从没有过的。

几十年过去，如今老迈的我竭力回忆，竟然丁点儿都想不起来高中三年里我们在课堂里学了什么，同桌是谁，同学之间发生过什么趣事，班上有啥动人故事。

母亲逝去了

就在我忙着上街迎候苏联贵宾伏罗希洛夫的紧张时刻，接纳老妈住院的西四牌楼人民医院传来消息，医院正在搞“双反

图2 首届全运会开幕式的盛大举行，也有我们的功劳。

运动”，通知我们立即将病人接出医院，回家休养。

我和老爸都慌了手脚。老妈已经在医院住了三年，高位截瘫病人是无法恢复健康的，理应早就出院了。老妈的骨科病房里住有二十多个残疾病人：突遇车祸的、掉进井里的、摔伤难愈的……都是人生突遇意外引发的命运逆转，个个生不如死，拖累着家人，消耗着财富，都是无解的生存难题。这往往引发出诀别生命的绝望和轻生，病房里竟有过量服安眠药的和割腕大出血的情况发生。而五十多岁的母亲读过女子师范学堂，这一生起起落落，经历过太多的人生变故，是个有思想的知识女性。病房里她常给大家讲故事：《红楼梦》的无常悲欢、《西游记》的苦难跋涉以及《太上感应篇》的今生来世、因果报应，等等。她用家长里短的日常道理，将大家个人的苦难纠结化解消弭。病房里逐渐安静下来。医生和护理人员因之对十八床的老太太，生出许多信赖与依靠。恰逢北京各大医院接治了一批受伤致残的朝鲜少年儿童，妈妈被医院转至国际友人住的特等病房，陪护一个高位截瘫的朝鲜姑娘，为她舒心解忧，还教她钩织编结的谋生手段。

几年里，母亲成了医院不可多得的有用之才，得到各方面的器重与照应，与母亲感情甚好的是位四十多岁的女护士长，她有个和我同龄的女儿，她很羡慕我能在女附中读书。我对母亲一直是很依恋的，无论刮风下雨，每天我都会在下午课余时间从位于西单的学校跑步去位于西四的医院看望母亲。我坚信：母亲只要能见到我，每天就会快乐，只要她快乐了，就会慢慢好起来的。我偷问胖胖的护士长：妈妈的病，能治好吗？啥时能下地？护士长总是友善地回答我：快了快了，等你考上个好大学，她会高兴的，自然就会出现奇迹的。

图3 年轻时的母亲

严寒的冬天，我光脚穿棉鞋，不懂得买袜子，也不懂得戴围巾、戴口罩。每天光着头、光着脚来看妈妈，护士长就偷偷地把袜子、口罩、棉手套塞在我的书包里，妈妈都看在眼里，心里感激，手里干活，加紧给医生和护士们钩桌布、书包和帽子，回报大家的恩情。医生和护士都是善良单纯的人，对我们一家人的遭遇，充满了同情与怜惜。

在医院的安排下，妈妈住了三年院。出院时，除去医药费，她的护理费、床位费，甚至三年的饭费全部被免除。

安排妈妈出院居家，生活又是一番天翻地覆。城里的家是早就没有了，老爸在卢沟桥农场的村子里，他在养鸡的宿舍旁租了一间廉价的老乡存粮的库房，把老妈安置在内，白天他去鸡舍上班，早晚回来照管母亲的吃喝拉撒，清理小便大解。妈妈住的库房里的耗子个个拖着长尾巴，大白天公然出来啃噬妈妈的馒头干粮；院子里禽畜粪便、脏水垃圾招来的绿头蝇子，嗡嗡地爬满了妈妈的早饭晚饭。老爸无奈，只好把食物都装在篮子里，吊在仓房的房梁上。骤然变换的农舍环境和医院的无菌病房天差地别，妈妈终因吃不洁食物患了急性中毒性痢疾，在出院三个月后，再次被送进西四牌楼人民医院抢救。

那天下午，全校师生集合在大礼堂听总路线的报告，广播器里忽然传出催促我去传达室接母亲病危的电话，班长陈小凤不顾一切，跟着我跑到医院。

妈妈在急症室里躺着，人已昏迷，脸色煞白，枯瘦，颧骨凸起，没了模样，身子下面都是污秽的粪便。我大哭着摇动妈妈，妈妈没有反应。陈小凤冷静地跑出医院，买来大包草纸，帮我翻转妈妈的身体，擦拭粪污，粪污止不住地从妈妈的身体里流出，妈妈身体逐渐僵硬冷去，她没有能跟我说一句话，没能给我留下任何嘱咐，默默地走了！守在她旁边的是我和我的同学。

陈小凤是生活班长，戴着副高度近视眼镜，为人忠厚诚恳，谁有困难，她都会站出来帮忙。平时不爱说话，就爱钻图书馆，是个有思想的女孩子，在学校各项繁杂琐碎的运动中，她是班主任的帮手，也是大家的依靠。

小凤是我初中到高中的同班同学，从小孩子牵手到少年、青年，六年里混在一起嬉笑长大，互相的存在如同每天接触的空气阳光和水。可是，我从来都不知道她爹妈是干啥的，而且

图 4 年轻时的父亲

也不需要去知道。只记得初中开学时，她穿着育英小学统一的花点衣裙的校服，安静而羞涩地站在队伍里，鼻梁上架着副小眼镜，那时戴眼镜的小姑娘还很少，所以挺招人稀罕，并注意到她。直到今天，我们经历了半个世纪的世态炎凉、高低尊贵、处世冷暖，我才知晓小凤的父亲是新华社的领导干部，姥爷在延安时期曾任马列主义学院副院长。

母亲临终，父亲已处于政治运动的颠簸里，没有自由了。

那天，小凤紧紧握住我冰凉的手，责无旁贷地站在母亲面前，帮我冷静地处理后事，助我度过生命里最黑暗、最沉重的悲哀。那时，她还是个孩子，最多是我的班长。这份厚重的情谊藏在我心里，几十年里，我会无缘无故地流出感恩的泪水！

为什么我是另类？

1958 年，校方按出身成分将学生划分为三类：出身革命干部和工人贫下中农的为一类；出身职员教员家庭的为二类；资产阶级高级知识分子和五类分子出身的为三类。

1958 年，老校长苏灵扬被调走，接替她的新校长同样是个和蔼亲切的人，也是位领导夫人，常常到班上听课，关心大家的衣食住行。某次，我趴在桌上写作业，新校长来到班上看望大家，对几个干部子弟问长问短，发出感慨："我们这些革命家庭出身的孩子，明显是比社会上的那些子弟单纯得多。"这句表态，像钉子般直扎进我的心窝。我羞愧地埋下头，忽然觉得自己很耻辱。我终于伤心地明白了：原来，我不是女附中单纯的好孩子，我被划入的是另类。

我和大家同受一样的教育，同样获得女附中奖励的学习优良奖章。家庭变故后，国家供养着我，同学们伸出臂膀帮助着我。当我生病孤独地躺在宿舍而不能参加元旦晚会时，同学们轮流背着我赶到热闹的会场……

我是个要强的人，现在我更要努力地前进了！因为我明确了我必须面对我的家庭：父亲早年在"一战"欧洲战场做过英法军队的翻译；与我家往来密切的亲朋故旧，像晏阳初、林语堂、盛成等，都是当时被认为臭名昭著的资产阶级反动文人，父亲

图5 我们的数学老师王明夏正在辅导功课。

和他们有着说不清道不明撇不清的关系；父亲又曾是国民党政府盐务机构的高级官员。我怎能说自己不是另类。我必须与资产阶级家庭划清界限，必须改造自己！

学年结束时，学校给学生的操行评级分出了三等：优、良、中。我自然只能是个三等“中”，我入团的要求，从此泡汤。

50年代末期，女附中将学生分类划等的举动，应该说还是温和与冷静的，学校对此并没有公开展示，没有引起大家的对峙与攀比，也就没有严重伤害学生的心灵。少年人同室成长，日积月累的深厚情谊纯洁而善良，并没有受到太大的污染与摧残。

在我家庭的悲情变故里，同学和老师们都无私地帮助过我。除陈小凤，学习班长郎樱长期帮我补课与长谈，抚慰我的哀伤，数学尖子薛文叙主动给我讲解落下的课程，高三语文课老师吴芝圃将我的作文屡屡当作范文，在班上讲评诵读，给了我勇往直前的学习自信……

最让我感怀的是，母亲去世后的第一个中秋佳节，学校下午早早放假，让大家回家团圆，知我无处可去，蒋定粤请我去她家过节。

蒋定粤是广东人，大眼睛，高额头，气质超凡，是个美丽出众的女孩，尤其是那只古希腊美女型的鼻子，配着深沉的眼窝，越发显得挺拔而有魅力。她父亲是抗日名将蒋光鼐将军，哥哥在中央美术学院油画系学习，她也喜欢油画，热情地把俄罗斯风景画家列维坦的"秋日盛景"一张张装在镜框里，挂满了我们教室的四周。

蒋定粤还喜欢演戏，高一过年时，我们班排出了英语话剧《水晶鞋》，她饰演男主角英俊帅气的王子，穿着高筒大皮靴，顿时挺拔威武起来。赵莉娜饰演娇小玲珑的灰姑娘，姜琲饰贵妇人，我是剧里又丑又恶又刁又坏的大姐姐。

由于我同样喜爱文学艺术，很快和蒋定粤成为志同道合的朋友。

中秋节那天，蒋家的孩子和大人请来的客人都围在厅里的大台子上打乒乓球，等着吃团圆饭。老父亲在一旁观战，说笑加油，轻松热闹。我强烈感觉到，她家有一种开放民主的自由气氛。那天无论是父亲的客人还是孩子的客人，一律围坐在一

图 6　高三同学们集体出游。

张大长桌子上吃饭，两代人海阔天空地问答聊天，毫无拘束。

在饭桌上，我仍是小心翼翼地拘谨着，肃然起敬地注视着席间的各位长辈。蒋光鼐将军与我对席而坐，我仔细端详着他，他是个瘦小精悍的老爷爷，解放后任新中国的纺织工业部部长。挨在他身边坐着的平头老爷爷，是他的亲密战友蔡廷锴将军。这两位载入史册的英雄，此时已是白发苍苍的老人，他们像邻家长辈一样，亲热地向我问长问短，紧张得我诚惶诚恐，受宠若惊，胡乱地回答着他们的询问。

后来，我才知道，这时候蒋定粤的家庭已深陷痛苦，大哥蒋建国被美院划成“右派”，下放西北苦寒地带。他是个很有天分的画家，与我的丈夫邓家驹曾同在美院一班学习。

我在女附中大家庭的温暖里，很快走出母亲过世的忧伤，赶跑出身等级划分在内心的阴霾，我已经长大了，经历过不少人间苦难，我清楚地知晓：所有的生存难题，必须自己去正视，自己去面对、扛起。

我很快地振作起一贯的奋斗精神，情绪不坏地走进高三学年。是啊，不可懈怠、蹉跎，我们马上就要中学毕业了。

报考中央戏剧学院

高三学年开始了，教室前面贴出了大标语：“站出来，让祖国挑选！”我们斗志昂扬地唱起：“到边疆去，到农村去，到祖国需要的地方去！”

高考气氛明显地紧张起来，我们每天想的都是复习功课，考上理想的大学。当然，老师说了，每个人也要准备好服从国家的需要。

我从小是被妈妈看护长大的，妈妈的爱好就是我的教育环境：妈妈爱看闲书，我也偷她的书看；妈妈爱听戏、看电影，从小我被背着、抱着进出戏园子、电影院。在北京、上海、连云港、武汉、天津时，我常常去听京剧名角“四大名旦”“四小名旦”“四大须生”的经典剧目；我见识过名旦尚小云穿着女人时装，以胖大男人身躯，扮演妖娆女人的文明戏；在天津民主戏院，我欣赏过十六七岁的新凤霞演出蹦蹦戏（俗称评戏），水灵灵的小姑娘，穿着透明的仙女戏装，被铁丝吊着从天幕上悬下来，晃在半空里飞荡。

图7 叶向真

回到家里，我余兴不减，偷出妈妈的化妆品，满脸涂得七紫八花，拆了缎子被面，披在身上扭捏作态，咿咿呀呀，唱啊，扭啊，美得要命，过瘾极了。妈妈在一旁看书习字，笑吟吟的，从不管束我的兴妖作怪。上学后，不管是幼稚园、小学还是中学，我都是舞台灯光下的积极分子，唱歌、跳舞、演剧，甚至是演讲，我都能聚敛激情，投入角色，豪情万丈，嗓门极大地吸引住观众。爸爸妈妈平淡地对我做出评价：十足的人来疯！

我高三年级的同桌是叶向真。这是个机灵幽默的女孩子，生性快乐，与我志同道合，相处默契，她的气场强大，无形地潜移默化着我报考大学的志愿方向。高中分班，叶向真和我选学的都是英语语种，巧遇成同班，我和她同样长得瘦高个儿，胳膊长腿长，她穿在身上的校服，我错穿在身上，竟然比自己的校服都合身熨帖。如今，我们相邻比肩成为同桌。

其实在初中时，我就知道叶向真是叶剑英元帅的女儿。她引起我的注意，更是因为她的开放爽朗，脾气随和，一双圆圆的黑亮眼，灵动活跃，点子多。女附中很多课外活动都有她的忘情投入。她爱打篮球，虽然个头不算矮，但在篮球场上就不显高了，靠她的灵巧多变，成为一个进攻高手！她有架墨绿色的袖珍手风琴，背在十三四岁的女孩子身上，玲珑好看。这架手风琴被她长年搁置在教室后面，谁爱拉谁拉，结果她们初一三班的女孩子，有一半人都学会了拉手风琴。

向真最喜爱的是演话剧。她演过抢救国家财产的英雄人物向秀丽，而最成功的还是女扮男装演一名男记者，她夸张地穿了一套花格子呢西装，戴鸭舌帽，背照相机，一招一式，一言一笑，浑身上下都是戏。后来她被推选为女附中的话剧团团长。

当年女附中的话剧团，可谓人才济济。学姐王好为是女附中话剧团的老团长，人长得漂亮且机敏，后来她考上了北京电影学院导演系。80 年代，由她导演的电影《瞧这一家子》，红遍中国，家喻户晓，使她一跃成为中国改革开放初期的著名导演。紧接着的是叶向真（笔名凌子），她拍的电影《原野》禁播多年，开禁后，立即获得中国电影百花奖和国际赞誉，后来拍的《风吹唢呐声》也获得国内外影坛的一致好评。

高三的课程相当紧张，但我的旁边偏偏坐了位话剧团团长，天天花言巧语地动员我参加话剧团，勾出了我日益膨胀起来的表演欲。响应号召，我们经常演出自编自导的时事活报剧。女附中没有男学生，男角色只能靠女扮男装。叶向真一下子就瞄准了我的麻秆儿形象，苦口婆心要我登台出洋相。

在中学前几年，由于家事羁绊多，我几乎没有时间参加学校的任何业余活动。自妈妈去世后，自由时间很多，登上舞台表演，也是我自幼痴迷的事。我很快就顺从地加入了话剧团，以后活报剧里凡是高瘦丑陋的形象，几乎都由我一人包揽。我一开口，用尖利的女高音代替美帝开口，引出不男不女不伦不类巨大反差的丑态，果然逗得观众哈哈大笑，高潮迭起，掌声不断。每次大幕闭合，叶同桌都兴奋地抱着我在舞台上飞旋。

到高三报考志愿的关键时刻，我按照妈妈生前的愿望报考了北京大学新闻系。谁想，却有一个巨大的诱惑出现在面前。

高三阶段，学校将我们分为理科班、文科班，当时话剧团里的高三学生几乎都报考了艺术院校，足有十几个人，学校爱才，又成立了投考艺术院校的艺术班，请来中央戏剧学院的老师为我们做考前辅导。话剧团的熟人都聚在了一个班上，她们极力鼓动我投考艺术院校，其实我是早存此心，只不过不敢行动。

妈妈死后，管束我疼爱我的亲戚都站了出来，我那些姨母、婶母多在晚清出生，满脑子还是皇权时代的荣辱观念，听说我要投考戏剧院校，老太太们联合起来对我指责不已：一个姑娘家家的混到舞台上，又哭又笑，蹦蹦跳跳，做个千人指万人看的戏子，徐家都跟着一起丢人。

就在我万分纠结焦虑时，跟我一样在舞台上扮演高瘦丑陋

图8 高三二班毕业合影。后排左六为蒋定粤、右二为郎樱、右四赵莉娜、右七姜琲，三排左一为徐鲁溪、右六是我，一排左二为陈小凤、左四为薛文叙。

角色的同学曹年裕，给我指出了一条路。她报考了中央戏剧学院戏文系。戏文系是戏剧学院新设立的学科，学的是戏剧创作与戏剧评论，与我嗜爱文学的志向相投。这打消了长辈们对我站在舞台上丢人现眼的顾虑。关键是，我的决定得到了老爸的支持，老爸对我是极其溺爱的，他一向思维宽广、为人豁达，在家庭落难的几年，我的吃苦耐劳，让他对我更有信心了。

图 9 大学时的我。摄于 1961 年。

我如愿地报考了中央戏剧学院戏文系。然而，1960 届的高考是讲究成分的，我们那届许多成绩优秀的同学都不能如愿进入大学。如初中班班长刘彬媛，成绩优秀，但出身不好，又在高中的红专辩论会上提出过不同观点，被学校录入档案，致使高考后，她久久接不到大学录取通知书。当年这样的优秀学生，升不了大学实在可惜，北京市匆匆忙忙成立了师专和工农师范学院，收留了这些人。

庆幸的是，我意外躲过了，顺利被中央戏剧学院录取。事后我渐渐得知，当年戏剧学院是面向社会招生，报考的有高中学生，也有社会青年，考生成分很是复杂，像我这样单纯的中学毕业生，家长有历史问题不清的瑕疵，也许就不算什么了。

我的六年中学生活，叙述至此，告一段落了。记得女作家林海音说过：我们是吃饭长大的，也是读书长大的，更是在爱里长大的。在我六年的中学生活里，我曾贫穷得吃不饱肚子，我差点被父辈友人资助读书，但是女附中始终紧紧拥抱住我，让一个孤苦无依的孩子衣食无忧，茁壮成长。在学识与思想的哺育里，成长为一个有独立见解的女性，诚实有为地活在这个历经磨难、浮躁复杂的人世。

在我生命里不能忘记的是：女附中从老师到同学，给了我所有的人性之爱和人世间的美好情感，温暖着我，鼓励着我，让我孤寂悲戚的心灵从没有受过丝毫创伤，让我一个年近八旬的老人，今天心中仍然充溢着饱满的阳光与理想，努力奋斗如初。

我感恩母校，亲爱的师大女附中！感恩她慈母般海深山重的恩情！（全文完）

（注：本文的叙述参考了女附中同学王桂芹、吉敬容的日记。尤其敬佩吉敬容坚持几十年写日记的毅力，使这一段回忆有了真实宝贵的细节。）

山医附小，我心中的桃花源

鲁　安

我上小学的时候，山医附小的全称是山东医学院附设小学，简称山医附小。好友艾牧从1956年山医附小毕业的老同学的亲属——一位年已八十五岁老者处获悉，山医附小源于八十年前齐鲁大学的西人小学和私立济南崇德小学，由两校合并而来。所谓西人小学，就是齐大校园里的教职人员和附近基督教神职人员的子弟小学，它位于齐鲁大学校园西侧女生宿舍一带，与崇德小学合并后称“齐鲁大学附设小学”，简称“齐小”。在20世纪50年代初，随着齐鲁大学院系调整，改称山东医学院附设小学。2000年，山医与山东大学合并，又改成了“山大一附小”。

而究其本，山东医学院源于齐鲁大学。八九十年前，齐鲁大学可是鼎鼎大名，“北燕京，南齐鲁”，指的就是北平的燕京大学和济南的齐鲁大学。在中国近代史上，这两所教会所办的大学在那个时候就已经和国际上著名的大学比肩齐驱了。趵突泉之南，千佛山脚下，圩子墙外济南南郊一片沃土之上的齐鲁大学，人杰地灵，吸引了众多的中外著名学者专家和教授。

基于这样的历史渊源，山东医学院附设小学也可以说是中西文化交汇的硕果了。

我说它是心中的桃花源，并非凭空想象。因为进入小学的大门，在甬道两侧翠绿的冬青树的东侧，确实有一片树皮紫红透着油光的毛桃树林，门口的传达室和后面的开水房就隐掩在这片桃树之中。一到春天，满树桃花，灿若云霞；夏季，满树的小毛桃晶莹可爱，让人流连忘返，在桃树下信步、读书，确有“杏坛桃李”的感觉……到了七八月份最热的时候，林间的蝉“知了知了”地叫着，仿佛在祈愿学子们已经“知了，知了”。桃树上自然分泌的乳白色桃胶，好像就是专为我们这些男孩子们粘知了准备的天然材料，而李光同学是这方面的高手，他从家里带来长长的竹竿，竹竿的顶端末梢裹上桃胶，看准了正在叫的夏蝉背部，一粘一个准儿。

在两层教学楼的南侧正前方，是母校的大操场。靠近教学楼，有一个正方形的讲台，不大，在这个讲台两侧，是两丛绿油油的小月季，每个月都开出粉红色的小花，除了冬天；不过那时我们也都放寒假了，不妨让她们也“冬眠”一下罢。工友杨大爷总会赶在月季休眠前，让她们“吃饱喝足”了，确保她们来年春上能以盛开的花朵，再度装点新学期的校园。

大操场空地往南，是一片软枣树林。这种软枣，树叶很大，果实较小，在其他地方很少见到。当大地进入冬季，万木萧条的时候，软枣树叶开始掉落；眼看着绿色的软枣从硬变软，从黄色变成红色到最后变成黑紫色的时候，树叶已经全部落光了。整片软枣树林里，只有树枝上一串串、一点点紫色的软枣，恰似圣诞树上悬挂的一闪一闪的小灯笼，煞是好看又别致，正是“人间好诗句，天然去雕饰。愿君多采撷，此物最相思”。

这相思，已绵延了六十多年：我那心中的桃花源，我的母校山医附小！

一

那个时候，山医附小隶属于山东医学院，是学院的一部分。它位于山东医学院东村往北，东边和山东中医学院为邻，在两院的围墙之间，有一泄洪的沟壑。这条沟壑就是山水沟南端的源头，设有一个铁栅栏，东西向排列在文化路的南侧。每临夏季，南山的洪水便汇集到这里。大部分山水通过铁栅栏流向山水沟，汇入趵突泉北的护城河，然后经西门往北进入小清河；另一部

图1 1952年，山医附小老师们的合影。前排右一为杨爱群老师、右二为刘桦校长，后排右二为康老师、右三为刘桦校长夫人（后调上新街小学任教），右四为王天霓老师。

分则分流向西，沿着圩子墙外的泄洪明沟，经过齐鲁大学门口，流向青年桥。这股洪水和通过红桥沟壑南山下来的水，在青年桥附近汇合，然后再径流往西，在杆石桥附近北折，然后汇入小清河，流向渤海。

记忆中，西门附近，趵突泉正门东首往北一点，山水沟和护城河交汇的地方，应该是城中心最低洼的地方之一，拜我们的前人圣哲智慧之赐，即使 1962 年夏季的那场创下历史纪录的特大暴雨，也没有给济南市区带来重大的洪水灾害。

山医附小的西侧围墙之外，便是山东医学院的游泳池。这是济南七十多年前少有的符合国际标准的泳池，还安有三米以及五米高的跳板，只有黑虎泉旁的青年游泳池可以与它媲美。在那时的济南，大概也只有这两个露天游泳池罢。

在山医附小的西围墙上，有一个木门，可以从附小直通游泳池。门虽然很小，但进出还是非常容易的。就在 1957 年秋季入学的时候，我通过这个小小的窄门，成为这所众人仰慕的山医附小 1957 级二班的学生。那年我已经八周岁了，而我们同班的同学大都在六岁半到七岁左右。按照现在流行的观点，我已经“输在了起跑线”。好在学前通过爷爷私塾式的教育，让我从《三字经》和《朱子家训》的背诵中，获得些许启蒙；写毛笔字也是那时打下的基础，并成为一辈子的爱好。

1957 级一班和二班基本上是根据学生居住地划分的。一班的同学都是住在山医大院里的，二班则都是住在山医大院之外的。记得一班的好友中有宁虹、刘棣、刘仲强等几位。由于居处不同，我与一班的同学课后相聚的时间少，而与院外二班的同学联系很多，尤其是那时候每天下午都有课外的学习小组，很自然地就进入了邻近同学的家庭，同窗间因此结下了深厚的友谊。

二

那就先说说我们同学的趣事吧。

刘新海，我心目中的英雄，据说他出生在解放战争时期的江苏新海连县（现为连云港），故名新海，父母都是老革命。忘了是哪一年，大概二三年级的时候，新海学兄突然在班上不见了，家里和学校老师急得不得了，到处找他。后来才知道，他突发奇想，自己要沿着铁路线，步行到北京去见毛主席。后来在京济铁路线上，当地的农民发现了已饿昏的新海兄……或许正是由于这种自小养成的胆略和闯劲，使新海在尔后几十年的商海中，畅游自如，打下了属于自己的一片成功的天地吧。

犹记 1960 年的六一儿童节，李光、新海和我，在大明湖北岸的大舞台上表演了舞蹈《游击队员之歌》，新海和李光因跟头翻得利落，赢得了阵阵掌声。我们还和四位小伙伴，为山医的大哥哥大姐姐演出的京剧《四郎探母》跑过龙套。一听到“叫小番”，我们四个便煞有介事，踩着锣鼓点，粉墨出场了。当时还留下过照片，有我和唐艾夫，还有谁已记不得，今事过境迁，照片也不知所踪了。

和我同处一片天地的，还有我的同学、挚友王福琪学兄。我和福琪从山医附小毕业后，又一起升入济南二中，仍是同窗。初中上完后，赶上“文革”，没学可上，就在二中里又挨了四年，这样满打满算，从小学起，我们同窗的时间竟长达十三年！我和福琪学兄有很多共同之处，他名福琪，我原名叫承福，名字里都有福字；其次他哥哥名福泰，我长兄名承泰；我们都有亲属在齐鲁大学读过书。更重要的是，我们都是中国近代民族工商业者的后代，祖上在济南都有过生意，而且在南新街都有祖宅。也是同命相连吧，风雨沧桑，很多事情，我们都是感同身受、心有灵犀。我们一生中经历过这么多的风雨坎坷，幸而平安度过了这么多年，俗语说“平安是福”，想来这也是祖上赐予我们的福分吧。

我们班的唐艾夫，看上去温文尔雅，模样像极了著名山东籍演员唐国强。他唇红齿白，很腼腆，一说话就脸红。他们家不仅国学深厚，还善于吸收不同文化的精髓，这从他们兄弟俩的名字上就看得出来。兄弟俩分别取名“艾夫”与“艾牧”，即英文字母的 F 和 M 的读音。他们还有一个小妹，叫唐艾英。他们家住在南新街省民政厅大门正对的省立二院（今齐鲁医院）职工宿舍大院。正门开在文化路上，大门右侧，是一个卖菜和副食品的生活服务部。唐家住在这个大院落后门右侧的一个独门小院落中，我们非常喜欢去他家做功课。他们家干净卫生，整理得井井有条。可能是做会计的职业习惯，唐妈妈讲话总是细声细语的。我们每次去做作业，她都有奖励，或是一块大白兔奶糖，或是一块点心，都是那么别致而有味道。后来我回乡探亲的时候，专门和艾夫通过电话。他在省政协《联合报》工作到退休，又被财政厅聘请去帮助工作。艾牧老弟告诉我，艾夫反而比没退休更忙了。我和他小学就一起学习书法，写毛笔字，他是那种一丝不苟、非常敬业的人。后来从事财务工作，很适合他，可惜积劳成疾，英年早逝。这篇短文，也权当是与艾夫同窗的一点记录，以纪念这位老学兄。

谈到书法绘画，不能不聊聊李涛和卢正同学。我非常喜欢李涛的字画，他的《秋菊图》“菊花如志士，过时有余香”，一如其人，既是咏菊，也是自况。的确，六十多年了，李涛还

图2 20世纪50年代，山医附小部分老师在教学楼入口处合影。前排中为杨爱群老师，左为王天霓老师。

是李涛，他还是那样，山东人的秉性，豪爽大气而不造作。他热衷草书，这是他的长项，也反映了他的秉性。看他的字，是一种艺术享受，一撇一捺，挥洒自如而不张扬，这很不容易。他的书法，源于自心和自信，也就是悟性。他号正觉，应该和同班同学卢正一样，从小就在心性上、修为上打下了坚实的基础。卢正画马简直是手到擒来，那时在班里，卢正同学随时随地都在画，有同学喜欢，他就送上一张。现在看来，虽然那时所画的马比例、线条看起来还很稚嫩，但这正是可爱和可贵的地方，因为这正是孩子们眼中的世界，童话般的。

我们班的小伙伴们，又何尝不是一个童话的世界。

魏广禹，应该是班里最小的同学，也是班里的小可爱和小调皮。他是山东医学院教职工的子弟，住在东双龙街。个子不高，但是机智灵活。记得90年代后期，我去东双龙街看他，他还是那么典型的济南“小末子”“梭伊孩子”。记得他第一句问候话说的是，“俺老同学来到济南老家好几天了，明天就要走了，我们来个‘滚蛋包’吧！”那顿饺子吃得真叫香。有感于那次重逢，我曾有诗为证：“多年分别后，而今又重逢。握手相见欢，鬓白俩老翁。不问沧桑事，只及夕阳红。明日又远去，寒冬盼春茗。——诗赠小伙伴广禹兄，时于泉城重逢之际”。

三

接下来，说说我们的老师。

我在山医附小的启蒙老师，是刘桂兰和王天霓两位。记得刘老师教语文，王老师教算术。这两位女老师可真是绝配：刘老师稍微矮胖，王老师细高苗条；一位脸色较黑，一位白净；一位声音洪亮，干脆利落，一位吴侬软语，细细道来。但她们都是心地宽厚、待人慈祥、和蔼可亲的人。选择她们作为我们一二年级的老师，可见刘桦校长和教务主任的用心，因为老师最重要的职责还是通过自己的言传身教，让我们知道该做怎样的人。

小学一年级开始的时候，还学过旧式汉字注音符号和繁体字，但不久便全部改为简体字和汉语拼音了。不过，真得感谢两位恩师，她们的讲授让我们受用终生，后来面对古体字、异体字以及使用威妥玛注音符号时，并不觉得陌生。

小学六年，刘桦一直是校长。刘校长除了担负管理工作，还兼五六年级的历史课和政治课。他的板书，横平竖直，就如

图3 1956年，山医附小六年级毕业生与老师合影。第二排的领导与老师中有刘桦校长、杨爱群老师、康老师等。

他的人品，宁折不弯。听我家的邻居侯小妹（后来也是山医附小的老师）说，刘校长“文革”中没少遭罪，但他非常乐观，深信乌云遮顶只是暂时的，让我对刘校长更加刮目相看。1994年回济南探亲看望老母亲，顺便去了附小，写了篇《山医附小忆旧》，刊登在《齐鲁晚报·副刊》上。刘校长、刘老师和王老师看到文章后，还专门到南新街赵家老宅看望了我妈妈。

音乐老师杨爱群，课教得好，歌唱得也好，还弹得一手好风琴。音乐课不是每天都有，我最期盼的就是在每周的音乐课上听她授课、弹唱，那简直就是一种享受。上课时杨老师的脸

图 4 20 世纪 50 年代，山医附小的老师在备课。

上总是洋溢着笑容，而在这笑容的背后，有谁会想到杨老师因出身和在“反右”中受的委屈呢？其实，让杨老师蒙难后继续站在讲台上教书育人的幕后推手，正是令人敬佩的刘桦校长！

山医附小的工友杨大爷，在传达室一干就是数十年。他除了做传达，还负责烧开水和整理花圃。后来也是听侯小妹说，杨大爷因家庭成分不好，幸得刘桦校长的庇护才有了这份工作，而“文革”中这也成了刘校长的一大“罪状”。

我们三四年级的班主任有唐国香老师，后来还有两位崔老师。唐老师来自胶东，口音很重，但是教课很有责任心，我们给她起了外号，叫“糖果果香”，唐老师也不介意；两位崔老师，男崔老师个子很高，女崔老师个子矮，笑起来很甜。

教我们体育的是余秉礼老师，他还做过少先大队辅导员。担任辅导员时间最长的是刘敏老师，正是在他们的关爱培养下，我从小学一年级时的“一道杠”，当到了小学六年级时的“三道杠”。

我们六年级时的班主任是邢万同老师。如果记忆不错的话，他是山东长清崮山人，颇具君子之风。他住在山东医学院大院学生大食堂附近的单身公寓里，生活非常简朴。他写的板书和毛笔字，非常有韵味，可见是饱读诗书之士。他对学生们则怀有一颗赤子之心，常常利用业余时间走访学生家庭，了解他们的学习情况和生活的疾苦，有时候他在我南新街的家中和我爷爷盘腿一聊就是一晚上。因为我小姑也是山医附小高我两级的学生，他对我们家庭的情况比较了解。“文革”中他也受到冲击。据说他在长清上中学时，就参加了地下革命工作。而他深厚的古文基础，或许和长清一带多有殷商文化遗存、古风淳厚，多少有些关系吧。

四

那时候，山医附小的校园生活也是丰富多彩的。

我们一二年级时的课堂，不在山医附小教学主楼里，而是在山医东村北侧的两栋平房里。虽是平房，却很高敞，而且是木板地，冬暖夏凉，十分惬意。窗外就是绿茵茵的天然草皮小足球场，常常放学后和小伙伴踢球。踢完了，浑身是汗，夏天就走路到游泳池，花五分钱去游个泳。有时候游完泳觉得饿了，就走到东村小食堂，买个豆沙包或者小干酪面包，垫巴垫巴，再回家。

图5 20世纪50年代，山医附小的学生在进行课外活动。

记得在大操场东侧，山东医学院东围墙之内，有一片狭长的闲置地块。班主任老师就带领我们将其翻整出来，按照规划，培垄建畦，种下大蒜及其他蔬菜。于是，这里便被我们叫做了“实验田”。我们每天都去看看蒜苗长高了没有，新种的蔬菜发芽了没有，甚至在课间休息和课间操的空余时间，也忘不了跑去看看，适时给它浇水施肥。农田里，自然少不了蝼蛄等害虫的孳生，但各种昆虫，像蛐蛐、蝈蝈、蜻蜓和蝴蝶也相聚而来，很快这里便成了我们观察大自然的天然课堂。

收获季节，有时候每个人还能分到几棵蒜苗和蒜薹，虽然很少，但毕竟是我们的劳动成果，大家心里还是乐滋滋的。我特别喜欢和广禹一个小组，因为每次的收获都是满满的。广禹是个闲不住的小学弟，他侍弄的菜畦长得特别好。

昔日的山医，整个校园就是一个美丽的大花园。校友门（正门）左右两侧的八棵别具一格的洋槐，被修剪得如同盆景，格外吸人眼球。进入正门，主道两侧是两排终年绿油油的常青灌木植物，比肩而立，像是在列队迎送莘莘学子。一般我都是从传达室的侧边，穿过车队的小广场，然后路过办公大楼，再往东就是职工食堂和小礼堂，沿着小礼堂前面的路往东村，到了东村往北一拐，就是山医附小的大操场了。

图 6 20 世纪 50 年代，山医附小在上课，一位女生被请到讲台上示范。

我上学之所以爱走这条路，是因为这条路两侧是一片一片绿色的草坪，四季都有绽放的奇异花卉。冬有腊梅；春有杏花、桃花、樱花和油菜花；夏天的各种草本植物花卉，包括来自北美的草莓花、野薄荷、凤仙花；秋天的菊花、兰花草和五颜六色的大小喇叭花就更不在话下了。尤其早上，迎着初升的太阳，走在路上，空气中充满了各色花草的香味，尤其是扑面而来的夜来香，让人觉得连空气都是甜的。

记忆中，在原来的办公大楼附近有一排杏树。春天的杏花好好看，有道是："道白非真白，言红不若红。请君红白外，别眼看天工。"到了麦收时节的夏初，杏子熟了。金黄色的杏子，果实大，肥厚多汁，甜酸适度，看着就喜欢。此时走在这里，随时要留意头顶上，说不定时时刻刻，风一吹，树一摇，就会有熟透的杏子掉下来……

整个山医大院，就是一座顶级的植物园！

眼下正是春夏之交，我远在美国加州协和大学院落的家中。外面碧空蓝天，窗外高高的棕榈下，小松鼠在跑来跑去，院子里黄澄澄的枇杷也成熟了，待人去采撷；附近农场的草莓正是成熟季节，紫红色的樱桃也上市了。此时透过二楼的窗户，也能看到沿着西海岸连绵不绝的南山，但我心里始终知道，此南山非彼南山也。

花是山医好，月是故乡明。我的回忆，仍然经常定格在我入读山医附小的那些日子……

何年何日，我能再回到心中的那片桃花源呢？

（图片由山东大学第一附属小学提供）

我和弟弟的小学时代

周　建

我和弟弟只差两岁，从 1960 年至 1968 年是我们的小学时代。我在长春市平泉路小学，弟弟在父亲单位东北水利电力设计院的子弟小学。父亲是“右派”，爷爷是地主。那时我们不懂这两个称谓意味着什么。

小学经常要填表，在“出身”一栏，老师说要写爷爷的出身，还讲了地主、富农、中农、贫农和佃户的区别，地主如何残害贫下中农，等等。老师的讲解让我觉得最不光彩的是地主出身。我只听妈妈说过爷爷是“地主”，其他什么都不知。晚上把表拿回家，妈妈说填“革干”，但我没听老师讲过出身有“革干”。妈妈看我低头不语，就说：“我和你爸早就离开南方老家出来读书、工作，你们都是吃爸爸妈妈饭长大的，你们连爷爷都没见过！”第二天老师看我空着爷爷出身的表说：“必须填上爷爷的成分。”无奈和恐惧之下，我只好填上了“地主”二字。从此，便没有同学和我说话了。

记忆中有篇课文叫“大地主刘文彩”，刘文彩家中设有水牢，给交不起租子的农民钉铁钎。我的爷爷是怎样的？我不敢问父亲，只好问问妈妈，妈妈透露：“爷爷家不仅有地，还有作坊

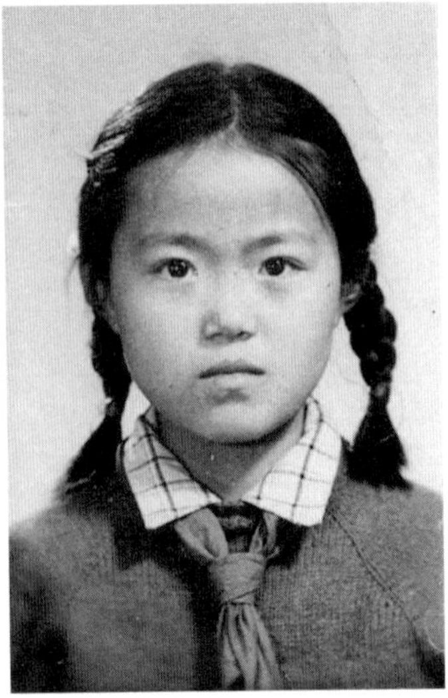

图1　我的小学毕业照

加工豆油，农民没钱，拿鸡蛋换就给油……”在妈妈的表述中，爷爷怎么不像书中讲的地主？

学校号召同学们收集树叶。为了改变同学们对我歧视的目光，在寒冷的冬天，我连续两天坚持十几个小时扫树叶，一气收了四麻袋树叶。父亲用自行车帮我把树叶送到学校，而同学们并没几个交的。

在我和弟弟印象中，家里是无声的，父亲整日写检查，信纸上满是整整齐齐像印刷的斜字体。只有在检查我们作业的时候，家里才有声音，父亲问：“作业写完了吗？拿来看看。”并不忘说一句：“学好数、理、化，走遍全天下。”可是，您大学毕业千里迢迢来东北，就是为了修自行车！

妈妈说：“爸爸工资被扣，只给十五元生活费，原来每月给姥姥寄二十元，现在只能给十元。你们好好养鸡，就可以省下买鸡蛋钱。”从此，我和弟弟负责养五只母鸡，每天放学回来就切捡来的白菜叶和上少许玉米粉搅拌了喂鸡，一天能收四五个蛋，少则三个。每周清理一次鸡窝。

在这种环境下，我和弟弟很小就懂事了，我八岁学会做饭，并和弟弟帮妈妈做全家人的棉袄棉裤。先做好棉花饼，一片片压在裤片上，保持均匀的厚度，再附上里子絎缝。到做小学五年级的冬衣时，妈妈对我说：“往后你的棉衣棉裤全部自己做。”

那年冬天全长春市人几乎都穿棉衣了，我冻得直打哆嗦，妈妈也没有帮助我。从此棉衣棉裤自己做，独立意识也由此萌发起来。

1966年某个下午，刚放学，还没走到家大门口，妈妈迎来，告诉我和弟弟红卫兵正在抄我们家，等走了再进家。围观的人不少，邻居孩子用幸灾乐祸的口气说：“你们家被抄了。”那异样的眼光刺痛了我的心，像是我犯下了什么大罪。二十几分钟后，进家看到凳子反扣着，衣服散在箱子外，箱子下面的板缝上面还贴有封条。我问妈妈：“他们找什么？”妈妈在厨房边做饭边回答：“发报机。”我在电影中知道特务才用发报机。爸爸是特务？我发现从没见过的照片散落了一地，这些只有手指盖大小的黑白照片，足有上百张之多，背面写着“赠送穆医生”。等妈妈走进房门我又问，妈妈随口回应：“抗美援朝志愿军战士养好伤，出院时送我的。”

从此，我和弟弟几乎没有了玩伴，走在外面“右派崽子、反革命、特务崽子”的骂声伴着石子飞过来，我和弟弟只有躲、跑。弟弟比我挨打要多，有一次几个男孩把弟弟推倒，边用树枝条抽边用脚踢，等我到时，弟弟脸上被打出了血，我拉起弟弟赶快回家，我们唯一能做到的是放学进家再不出门。甚至有一次，我们楼上的孩子们爬上我们家窗户，我和弟弟怕极了，躲到不足一米见方且无窗黑黑的过道里，紧紧相拥着，听到窗户玻璃被打得啪啪作响，待他们狂喊乱叫的声音远去，我和弟弟打开房门，窗玻璃已碎成放射状，有一块完全碎了。

长春冬天最冷时近乎零下三十摄氏度，就是在这种天气，楼上小孩把我们家门锁用小石子加冰堵住了，我和弟弟放学回家无法开锁，只好跑到楼道里避寒，直到妈妈回来才进屋暖冻

图2 我小学四年级、弟弟二年级时与哥哥合影。

僵的手脚。

我们家住的是日本人留下的房子，每家每户都有一小块地。春天到来时，父亲对我和弟弟说："今年咱家的地由你们姐弟俩种。"我接过父亲买好的玉米种子和弟弟商量起来，我们先刨地，将去年的玉米根铲除，之后破垄、挖坑，然后把家里窗户打开，用胶皮管将水引到地边浇水，接着点种、埋土。此后每天盼着出苗。学校距离家近的弟弟总是先到家，他先发现玉米芽长出来，领我到地头观察，看到自己的劳动成果，真是欣喜万分。

长春的秋天，每家每户都要晒白菜，腌酸菜。我们家一冬需要三罐爸爸腌制的微辣五香萝卜。腌制工艺至今我还记得，先将鲜萝卜洗净，不除皮切成直角扇形，放到太阳底下晒，待晒得有些卷曲，再放到盆中加入各种佐料，最后装到罐中密封一个月便可食用。而那年，萝卜干都让楼上孩子给撒上尿了，想补晒但时节已过，一冬天没能吃到特别下饭的五香萝卜干。

有一天，门外传来邻居小孩的催促声：“走，快看你爸挨斗！”我没有去，晚上只见外屋挂有一顶高高的黑色帽子，上写白字“右派”两字，这深深地印在我脑海中。之后爸爸被关进“牛棚”，周五晚才允许回家，周日晚必须回“牛棚”住。年幼的我细心观察家里的一丝一动，可是怎么“侦察”，爸爸、妈妈的行为也不像是特务。可有一天爸爸失踪了，我们问妈妈：“爸爸上哪里去了。”妈妈只说：“小孩子不要管。”一周多以后，爸爸才出现，这件事在我心中困惑了很久。若干年后妈妈才告诉我：“你爸不承认自己是特务，便去找他当特务的同学，那人刚解放时就向国家交代，当时早就是工程师了。你爸单位经过周密调查加上材料证明，所谓特务名单上你爸的名字是那位当特务的同学填上的，你爸并不知情，也未开过一次会，最终做出了你爸不是特务的结论。”

在人生长河中，小学是个懵懵懂懂的阶段，我和弟弟的小学时代是在“右派、特务崽子”大帽子下熬过的。我们习惯了独处，学会了等待。经过不断努力，我们在小学六年级前都戴上了红领巾。

谨以此文祭奠早于父亲故去的弟弟：“我们的爸爸和妈妈都是建设祖国的勇士，是对祖国有贡献的人，你在九泉下挺起胸膛吧，弟弟。”

1983年：苦聪纪行

王端阳

第一次听说苦聪人的情况，是从冯牧先生口中。那还是1974年，他刚刚“解放”，便来到云南“散心”。我奉昆明军区首长的委托，陪同他先后去了瑞丽、腾冲、独龙江、中甸、西双版纳等地。一路上听他讲了许多云南少数民族的历史风俗，其中最令我着迷的就是苦聪人。苦聪人在20世纪50年代末仍然居住在深山老林，过着刀耕火种的原始人生活，地方志中曾记载苦聪“居山崖”，“居无定处，缘箐而居”。由于苦聪山又在最边远的边境地带，道路险阻，很少有“外来人”进入它的腹地，这就更增添了它的神秘色彩。

从那以后，我一直想进一趟苦聪山，可始终没能如愿，直到1983年，我终于有机会来到云南边陲金平县。县里有一位副县长是苦聪人，听说我要一个人进苦聪山，既高兴又担忧：苦聪山寨最近的也要走几天的山路，路上的危险不说，山外人恐怕连路也找不到，他讲，就是县里的一些干部，工作了几十年都没进过苦聪山。当他见我执意要去时，为了我的安全，他给我派了一名能讲汉话的苦聪向导。

后来的事实证明，如果没有这位苦聪向导，我即使不被野兽吃掉，也会在原始老林中困死。这位苦聪向导不仅熟悉这里的每一条小路，甚至兽路，而且有着极顽强的生存能力：在找不到一滴水的地方，他可以砍断一根藤条，从里面取出甘甜的汁液；在缺少食物时，他尽量把干粮留给我，自己挖些木薯吃；他还能根据树上砍下的痕迹，找到苦聪人临时搭起的“哈布耶”（一种低矮的用芭蕉叶搭的草棚）。进苦聪山的第一夜，我们就是在这种“哈布耶”中度过的。“哈布耶”的主人是位苦聪老人，面须头发覆盖了大半个脸，皮肤黝黑，只在腰间遮了块破布，如果在山道上碰到他，一定会以为他是个“野人”。他孑然一身住在这老林之中，我真不知道他如何生存。他不懂汉话，总是用一种陌生、怀疑的目光偷偷打量着我，当我的目光

图 1 苦聪山寨

图 2 苦聪女孩在水边洗漱

同他的目光一碰撞，他的目光又急忙躲开。向导同他讲了很多苦聪话，可惜我一句也听不懂，向导也不给我翻译，我只好坐在火塘边的阴影里，看着他们交谈。我突然感觉眼前这个画面特别有意境，于是偷偷取出相机，对准了那位苦聪老人。当闪光灯一闪，老人嘴中发出一种怪声，有点像狼叫，身子向后一仰，跌坐在地上。我急忙向老人表示歉意，向导也用苦聪话向老人解释，老人这才恢复常态，嘴中叽里咕噜地说出一长串苦聪话，还不时地朝相机望去。我把相机拿起来，想给他解释一下，谁知老人连连摆手，好像相机里装着一只魔鬼，我只好把相机装起来，以解除老人的不安。夜里我们都围着火塘席地而睡，后半夜，被一阵阵蚊虫咬醒，用手随便往身上一摸，就能弄死一片，可是白天走了十五个小时的路，实在太疲倦了，也顾不得这么多了。早上起来，身上咬了几百个包，而那两位苦聪人身上一个包也没有。他们的皮肤像黑缎一样光亮，我真怀疑苦聪山的蚊虫是不是只欺负“外来人”？

又走了三天，终于到了苦聪大寨。刚一进寨门，一群恶狗狂吠着向我扑来。向导急忙赶过来，用苦聪话大声喝斥了一阵，那些凶残的家伙才退了回去，可是仍然盯着我，喉咙里发出咕噜咕噜的威胁声。山寨并不大，十几个草房错落在山坡上。这种草房同其他民族不同，屋顶一直垂到快接近地面，竹笆墙上糊着和土地一样颜色的黄土，显得更原始，我不知道半坡（史前文化）的茅屋是不是这样。向导把我带进一座草房，屋内没有窗户，光线暗淡，刚一进屋什么也看不见，过了一会儿眼睛

图3 背水的苦聪妇女

图4 用竹筒喝水的老妇

才适应了这里的亮度。主人是一个典型的苦聪汉子，强悍、粗犷，头发像一蓬乱草直竖在头上。他一边听向导介绍一边看着我，不时点点头，我立刻明白了他就是这个山寨的“首领”，不过向导向我介绍时用了一个很现代的名词——生产队长。

趁他们谈话之时，我仔细观察了一下屋中的摆设，除了一些竹子编的器具和泥土烧制的陶罐外，几乎没有什么东西。屋里最显眼的就是门边的一长排碗口粗、一米半长的竹筒，不知做何之用。我正在疑惑，一个六七岁的小女孩背着两个这种竹筒进来。竹筒高出她头半米多，用一根带子顶在头上，进门时，她弯了弯腰，水从竹筒中洒出一些，我立刻明白了，这就是研究少数民族专著中所提的“竹筒背水”。不知为什么，我当时心里涌出一股说不出的滋味，是同情，是怜悯，还是哀叹？小女孩放下竹筒，将竹筒里的水又分别倒在一个个小竹筒内，然

图 5　两个苦聪女孩

后又顶上竹筒出去了。这时一个老妇人拿起竹筒喝水，我急忙按动快门，拍下了这个镜头。在以后的日子里，我又专门守在小女孩背水的路上，抓拍了她背水的镜头。

第二天苦聪人要进山狩猎。出发前，全寨的男人都集中到古藤树下，女人和孩子也纷纷出来送行，那阵式就像出征一样。寨子里的狗也都狂叫起来，互相追逐、撕咬，然后争先恐后地向寨门奔去，一种嗜血的欲望刺激得它们异常兴奋。我庆幸自己的运气不错，背上相机就随他们出发了。翻过一座山，来到一片开阔的峡谷中，苦聪人分成两队，从两边包抄过去。我和向导紧紧跟在“首领”的身边，生怕被他们甩掉。大约过了两个小时，前边传来狗叫，向导告诉我，狗撵上了麂子。“首领”停下来，根据狗叫声判断了一下方向，然后带着人朝一个隘口赶去。可是过了一会儿，狗叫声又停止了，向导告诉我，麂子跑掉了。队伍也停下来，继续按照原来的方向搜索野兽的足迹。

就这样在山里转了大半天，等两支队伍相遇时什么也没猎到。“首领”看了看太阳，大概是判断了一下时间，随后朝谷底的小河走去。我偷偷看了看手表，已是下午两点多了，肚子早就饿得乱叫，却丝毫看不出苦聪人有吃饭的迹象，也只好忍着饿随他们来到河边。河水不深，水流却非常急，撞在石头上，溅起一簇簇浪花。河中心有一条狭长的小岛，正好把小河劈成两半，形成一条河岔。苦聪人来到河边，纷纷跳入河岔中，我以为他们要洗澡，便找了一棵大树坐下乘凉。等我歇够了站起身来，我才发现他们用河床里的石头，在河岔的上、下游同时筑起了一道石堤，当最后一块石头将上游的石堤堵住，河水全部被逼向另一条河道。下游的石堤没有堵死，留了一个口，河

图6 放牛的男孩

图7 苦聪人住的“哈布耶”

图8 俯瞰苦聪山寨

图9 背水的苦聪女孩

图 10 打磨秋

图 11 阉猪

图 12　屋前小景

岔里的水从这个口里流走。一会儿的工夫，河床里的石头全都露了出来。我走过去一看，在口子的下面，苦聪人支了一个大鱼篓，此时篓里已经装满了活蹦乱跳的鱼。当河岔里的水全部流光后，苦聪人又去捡留在石缝中的鱼，这不禁使我想起一句成语，竭泽而渔。在河床中间有个大水坑，里面有几条大鱼，怎么也抓不到，一个苦聪人从山上砍来一大堆藤科植物，在坑边用石头捣烂，绿色的汁液慢慢流入水中，不大的工夫，坑里的鱼一条条仰起肚皮，浮出水面。“首领”告诉我，这叫“闹鱼藤”，可究竟属于什么植物，我始终没有弄清。这时有人砍来许多芭蕉叶，每个人面前摆上一张，我也没有例外。然后“首领”将鱼平均分在每个人面前，这大概就是马克思所说的原始共产主义吧。分完鱼，他们各自把自己分得的大鱼用芭蕉叶包上，装进背篓，将小点的鱼剥洗干净，揉上盐巴和辣椒，穿在竹签上放在火上烧烤。一会儿就闻到烤鱼的香味，这时太阳已经偏西，我已经整整一天没吃东西了。说真的，我还从来没有吃过这么香的烤鱼。在回来的路上，我一直在想，我们的先祖也是这么捕鱼的吧！

苦聪人的生活艰辛、原始、落后，但也充满乐趣。清晨，总是姑娘们最先来到山泉边，对着小镜子梳妆打扮，显示出少女爱美的天性。苦聪人也有自己的游戏，“打磨秋”就是他们最爱玩的一种。这有点像汉族的打压板，但它不是木板，而是一根长长的原木，不仅能上下摆动，还能飞快地旋转，比起压板可是危险多了。每逢他们的节日，都要进行打磨秋比赛，打得好的小伙子更能得到姑娘的青睐。

图 13 吸烟的苦聪老人

图 14　拦河捉鱼

离开苦聪大寨，我又去了几个更边远的寨子。后来我莫名其妙地发了烧，不得不离开苦聪山。回到昆明，我的烧不治而退，没过几天，身上开始掉皮，每天晚上，夫人都要帮我揭皮，可以说，整整揭了一张人皮下来。

我不是一个专业摄影工作者，也从没想过拍出的照片要去发表，在拍摄技巧上也没有刻意追求过，我只是养成了一个习惯，不管到哪里采访，总是带着相机，把我觉得“有意思”的东西拍下来，作为一种“原始资料”，所以在拍摄中力求真实、原始。当时也有一些搞摄影的朋友去拍少数民族，他们往往从文工团找一位漂亮的女孩，穿上崭新的民族服装，再放到优美的风景中拍照。我不能说他们拍得不美，但那不是我所追求的东西，大概是对美的理解不同，我更喜欢那种原始的美、粗犷的美和充满野性的美。

20世纪30年代龙口金沙滩牌坊考

连永升

金沙滩牌坊之探微

民国时期，位于龙口河（龙口商埠北端龙口渠）北的商埠区静修庵山门外有一座金沙滩牌坊（见图），坐北向南，系三间四柱三楼式石制牌坊。牌坊楹联及额枋题字皆采用阴刻，其中三楼正间额枋题有“金沙滩”三个漆金大字；上款“民国辛未重阳月榖旦”，下款“栖霞刘理堂□立”。匾额上端饰以精美的莲花浮雕，底部镌刻着许多密密麻麻的小字，难以辨识。不过可以推断，这些文字记载当与牌坊的树立有关。从牌坊的额枋看，竣工日期为“辛未年重阳月”，即1931年10月。

牌坊二楼右间镌“玄旻殿”，落款“弟子泽修”；左间镌“天后宫”，落款“弟子梁修”。至于牌坊的匾额后面有无文字记载，无从得知。牌坊上所镌刻的“玄旻殿”与“天后宫”，均为静修庵的偏殿。玄旻殿系东偏殿，祀关帝圣君；天后宫系西偏殿，祀护航海神妈祖。静修庵的正殿，主祀南海大士。

牌坊正间两侧立柱的楹联，采用隶体书写。上联：“金沙栋梁去旧复新期记辛未”；下联：“银海玉柱由彼迁此时逢廿年”。

落款“玄中”。牌坊正间边柱的楹联，则采用行体书写。上联：“飞鸾普化常常演”；下联：“走马传玄字字金”。落款“伯泉”。牌坊的每根立柱前后均有抱鼓石簇拥，以增加其牢固性。抱鼓石用料考究，精雕细刻，造型古朴典雅，线条饱满流畅。牌坊身后左右各矗立一支高大旗杆，旗杆下方各有两块夹杆石。旗杆上各嵌一只斗子，斗子四面玲珑，面与面接合处起鼓上翘，各面斜仄，设计别致，生动传神。左右两个旗斗子每面各书一字，分别为“孝”“悌”“忠”“信”和“礼”“义”“廉”“耻”，八个大字特别醒目。

民国时期，山东黄县（今龙口）境内寺庙观庵众多。与其他寺庙相比，龙口静修庵虽然资历较浅，但其充当海庙老大的特殊地位却无可撼动。它不仅成为本地善男信女心灵皈依之所，

20世纪30年代龙口金沙滩牌坊旧影

而且为往来于龙口商埠的船家提供了精神庇佑。实际上，作为与静修庵浑然一体的附属建筑——金沙滩牌坊，不论立柱、额枋上镌刻的文字、楹联、浮雕，抑或是旗斗子上的八字箴言，无一不蕴含着浓郁的说教意味。

与金沙滩牌坊相关的主要人物

提起金沙滩牌坊，就不能不说到一个人，他就是龙口商界人所共知的刘理堂。位于河北静修庵前的这座金沙滩牌坊，就是在他的热心倡导下修建而成的。

刘理堂，名无考，字理堂，道号仁德，祖籍栖霞县，一生笃信佛教。刘理堂游走于龙口商界，与各行业公会名流非常熟络，热衷于龙口慈善救济事业，在龙口慈善会等社会团体中出力颇多。刘理堂还精通医道，自己配制丸药，专治大麻风病。据说，他在龙口街的住所门口就打出过“专治大麻风”的布幌。刘理堂早年与振泰栈经理马景周一起共过事，晚年刘理堂在振泰栈设有一间香堂，专供佛位。他痴迷书法，与黄县名门望族丁氏家族的丁佛言有过交往。时人皆知，丁佛言的钟鼎文炉火纯青，在黄县民间很受追捧。1922 年，曹锟贿选总统，丁佛言因拒绝贿选而身陷囹圄。1924 年，冯玉祥发动北京政变，丁佛言获释。出狱后，心情郁闷的他有一段时间寓居乡里，刘理堂就请他为自己写了春联，贴在龙口街住所的街门上。不料，春节没过完，春联就不翼而飞。于是，他就请人在街门上镌刻丁佛言先生的钟鼎文，于是再也不用担心夜间有人偷揭对联了。

刘理堂从擘画金沙滩牌坊之时，就开始物色金沙滩牌坊楹联题刻者的人选。他邀约龙口商会粉业同业公会知名人物徐溪，由其题写“飞鸾普化常常演，走马传玄字字金”之楹联。

徐溪，字伯泉，招远县口后徐家村人。龙口通泉成粉庄掌柜徐忠嗣（字俊臣）之长子。据招远市《宋家镇志》记载，“洪泰”是口后徐家的徐登庸及侄子、子孙开设的粉庄总号，其家族称为“洪泰”门里。咸丰十年（1860），招远出产的粉丝开始由龙口港集中外运。随着“龙口粉丝”声名鹊起，光绪六年（1880），徐登庸之侄徐春和在龙口开设通泉成粉庄，负责龙口粉丝的收购、包装及出口业务。龙口粉丝由龙口装船运抵香港，再转销南洋、西欧各国。通泉成粉庄由徐春和开办，到其子徐忠嗣时又开办分号慎记粉庄。后来，至徐伯泉名下为仁安号粉庄。龙口粉丝直销香港，是由徐伯泉首开先河。同时，徐伯泉也是龙口驻香港的第一批经营粉丝的客商。他不仅精通商道，而且国学知识深厚，酷爱书法。正是考虑到徐家粉庄在龙口商会粉业同业公会的显赫地位及其家族在龙口商埠的影响力，刘理堂才邀约徐伯泉为金沙滩牌坊题写楹联。

再说牌坊正间两侧立柱的楹联，“金沙栋梁去旧复新期记辛未；银海玉柱由彼迁此时逢廿年”，落款“玄中”。“玄中”何许人也？据龙口慈善会编撰的《壬申超魂录》记载，此人乃龙口驻军的一位李姓营长。李营长，名无考，字辅汉，道号玄中，1930 年来龙口驻防。

民国时期，国家内忧外患，军阀割据，时局动荡，社会矛盾危机四伏。1914 年 9 月 2 日，进攻青岛德军的日本军队悍然于龙口登陆。这一事件引起国际轰动。自此，龙口的军事地位开始引起军界注意。其后，各派军阀如走马灯一般，率部来龙口换防驻守。20 年代末至 30 年代初，胶东战事不断。军阀刘珍年在击败张宗昌残余势力后，趁机收编人马，扩大地盘，拥兵自重，称霸一时，时有“胶东王”之称。他治理胶东时期，对龙口极为重视，指派部队进驻龙口。陆军兵营就驻扎在河北商埠区，距离静修庵及金沙滩牌坊不远。而兵营里的这位李辅汉营长，不但有文化功底，而且笃信教义，积极参与当地的中元节超度等法事活动。于是当刘理堂邀他营造金沙滩牌坊时，他欣然在金沙滩牌坊上题写楹联。

金沙滩牌坊与中元节道场

据《壬申超魂录》记载，自1928年始，每年农历七月十五日（道教称“中元节”），龙口慈善会都要在静修庵举行仪式，为水陆冤魂超度。其实，中元节设醮的鸾坛会是封建社会的一种迷信组织，多是愚昧无知的女性参加。旧时每村设一坛场，按期请神训词，会徒有法名，会首称“鸾坛头”。会徒之间，上下辈称师徒，同辈间称呼道友。龙口慈善会设在静修庵的坛场称“龙善坛”。龙口商埠设坛扶乩，不但龙口商埠区的善男信女参加，就连黄县境内的信徒也慕名而来。

农历七月十五日晚间，在龙口慈善会的主持下，众亲道友会在金沙滩前的北大河上面放河灯。礼毕，军警商学各界善男信女会择日在金沙滩匾额前合影留念。中元节晚上，金沙滩牌坊前遂成为龙口慈善会做法事的道场。基于此，重新审视金沙滩牌坊上“飞鸾普化常常演，走马传玄字字金”的含义，也许就不难理解了。扶乩，又称扶鸾或托箩等，是中国道教的一种占卜方法。鸾，本意是指凤凰的别称，此处引申为扶乩的工具。扶乩，就是用一只无底箩筐，贴帮绑上一根七八寸长立棍，两人抬箩筐把立棍下端插入沙盘旋转，划些圈圈杠杠之类的符号，谓之鸾字。说是神仙降临，命笔所书，字句似诗。说到底，不过是托箩者所操纵的一出把戏而已。

此外，笔者研究发现，在照片中静修庵正门之上，“龙口佛学研究社”“龙口慈善会办事处”等字样清晰可辨。可见，在20世纪30年代，龙口静修庵已成为境内龙口佛学研究社、龙口慈善会办事处等机构办公议事的场所。从这个意义上讲，这张金沙滩牌坊照片也为当地文史学者研究当时的龙口佛学研究社、龙口慈善会等社团组织，打开了一扇窗口。

征 稿

《老照片》是一种陆续出版的丛书，每年出版六辑。专门刊发有意思的老照片和相关的文章，观照百多年来人类的生存与发展。

对稿件的要求：所提供的照片须是20年以前拍摄的（扫描、翻拍件也可），且有一定的清晰度，一幅或若干幅照片介绍某个事件、某个人物、某种风物或某种时尚。文章围绕照片撰写，体裁不拘，传记、散文、随笔、考据、说明均可。

编辑部对投寄来的照片，无论刊用与否，都精心保管并严格实行退稿，文字稿恕不退还，请自留底稿。稿件一经刊用，即致稿酬。

来稿请寄：山东省济南市英雄山路189号B座　山东画报出版社《老照片》编辑部

邮　编：250002

E-mail：laozhaopian1996@163.com

网　址：www.lzp1996.com

电　话：（0531）82098460（编辑部）（0531）82098460（邮购部）
（0531）82098479（市场部）（0531）82098455（市场部）

邮购办法：请汇书款至上述地址，并标明收款人“山东画报出版社有限公司”和注明所购书目。

邮发代号：24-177

《老照片》网站与微信公众号

官方网址：www.lzp1996.com
微信公众号：山东画报出版社老照片

青岛前世

——德国人拍摄的胶澳租借地

李 洁

青岛是我国重要的沿海开放城市，也是最早一座全然按西方模式兴建起来的近代化名城。早在百余年前，即德国占据青岛之时，在西方人的语境中，TSINGDAO（青岛的旧式英文拼注）就是令人向往的“远东模范殖民地”。

在1897年11月14日德国人强行登陆之前，本地名曰“胶澳”，隶属莱州府即墨县。“澳”的本义即海边弯曲的泊船之地，“胶澳”即胶州湾的泊船处。胶澳口上有个青岛村，其名得之于近海中的那座青葱之屿，即小青岛。“澳”乃书面语，当地人则称村前的那片海为青岛口。

1891年暮春，大清国第一重臣，以文华殿大学士、直隶总督兼北洋大臣，再兼会办海军事务大臣（即海军副司令）的李鸿章，在授命襄办海军事务的山东巡抚张曜的陪同下，巡视他所辖的北洋海防。自威海卫乘军舰抵达胶澳后，李鸿章亲睹了此地战略意义之重要，回京后立即与张曜联名上书朝廷，建议在胶澳设防。十余年前，他即派员前来胶澳视察。数年前，驻俄、德、荷、奥公使许景澄意外获知德国人对胶澳颇有兴趣，也曾上书朝廷，力陈胶州湾屯兵设防之必要。所以，这一次，光绪帝收到奏折后，三天即朱笔批复“照所请行”。于是，翌年6月，登莱青镇总兵官（简称登州总兵）章高元便率四营官兵由登州（蓬莱）进驻莱州所辖的胶澳，在青岛村至海岸之间的空地上兴建了他的总兵衙门，在团岛、青岛口等地兴建了四座兵营，以安置他带来的广武前军、广武中军、嵩武前军和嵩武中军。同时，他在距青岛口数公里之外的下杨家村设置了电报房，使胶澳与外界有了最快捷的联络通道。而且，因青岛口滩平水浅，不足以泊大船，他还下令在总兵衙门以西修筑了一座长长的木栈桥。有了这座栈桥，这个城市就有了一个名驰中外的地标。

因正二品大员衙门的设置和两千多名官兵的常驻，让青岛口迅速繁荣起来。民国初期的《胶澳志》上有明文记述：“青岛村初为渔舟聚集之所，归有居民三四百户，大都以渔为业，今之天后宫、太平路一带，乃三十年前泊舟晒网之所。章高元驻兵后，渐成为小镇市矣。”

章氏乃淮军宿将，曾随本乡的福建巡抚刘铭传赴台湾与法军激战，因功晋为澎湖镇总兵，复任登州总兵。移总兵衙门于胶澳之后的第三年，即甲午年（1894年），日本悍然发动了侵华战争。章氏奉旨率所部八营奔赴辽东半岛，在凤凰山阻击过日军的进攻。这样一个被朝廷授予“巴图鲁”（满语：勇士）的老将，却在胶澳任所遇上了天大的难题——光绪二十三年十月二十日（1897年11月14日），昨天停泊在青岛口的四艘德国铁甲舰上，有几个海军校尉自栈桥登陆，前来拜访他，告知：因山东曹州发生虐杀德国传教士的惨案，所以德国远东舰队奉德皇钦命自上海赶来，请他率所部于四十八小时内撤离本地，否则将以敌军对待之。

章氏有所不知，早在上一年冬季，德国驻华公使海靖即向清廷交涉租借胶澳五十年事宜。清廷拒绝了德国人的要求。但是，因十几天前的“曹州教案”的发生，让一直等待时机占领胶澳的德国皇帝威廉二世瞅准了机会，立即下令德国远东舰队强占胶澳。

面对突如其来的德国人，章军门一面电报直隶总督兼北洋大臣王文韶（李鸿章已因甲午战争失败而调离）和山东巡抚李秉衡（张曜已病逝于任所），一面亲赴德营与棣特利谈判。谈判未果时，他欲自裁殉国，却被部下和德人拦阻。万不得已，他只得率所部退出胶澳。尽管章的不战而退遭到了鲁抚李秉衡的弹劾，但却得到了朝廷的首肯。16日，北京覆电济南李秉衡，命其“镇静严扎，任其恫吓，不为之动，断不可先行开炮，致衅自我开”。翌日，又电令章高元等：“非奉谕旨，不许妄动。”

转年3月，李鸿章与海靖即在北京签订了《胶澳租赁条约》，

图1 青岛最高军政官署——登州镇总兵衙门

大清国将胶澳及周边地区租借于德国，为期九十九年。

之后数年间，青岛口的总兵衙门，便成了德国人的远东保护地总督府。1899 年 10 月 12 日，威廉二世皇帝下令，把“保护地”命名为“青岛”。从此，世间有了我青岛。

近日，在临淄刘云志先生处，亲睹了若干帧德占青岛初期的原版照片，且都是从未见诸报刊与网络的罕见写真。翻阅这些百多年前的老照片，史籍上的枯燥文字瞬间变为活生生的影像。笔者随手择出其中十四幅呈献于兹，期与读者朋友共赏之。

总兵官，为清国正二品武官，其地位仅低于一省之巡抚与提督，为镇守一方之军政大员。登莱青总兵，约相当于山东东部军区司令。1892 年 6 月，章高元奉旨迁移胶澳，并于是年开始兴建其官署。岂料，仅过了五年，德国人即逐走章氏及清军，将总兵衙门变成了占领军司令部和青岛总督府，直到 1906 年新建的总督府大楼竣工后，此地才终结了青岛地区最高行政机构的使命。

从照片（图 1）上看得出，这是一座全然中国官衙规格的建筑群。敞亮的南门外，有一座高大的照壁。照壁上，绘着麒麟一样的神兽“贪”。只是照壁之上，多了一个十字型的信号杆，上面垂着一面旗帜，那应该是德国人设立的航标之一吧。史料记载，德国登陆当天，即雇得中国人将相关的航标设施等立于岸上。

总兵衙门门前的马路，尚未铺设石头，但还算整洁。两个德国军官和一队士兵立在路边。一派宁静的气氛。远方的小山，即小鱼山。

德国人占领青岛以后，即按时价征用了青岛村及附近的土地，其原住民全部移居他处，家园被拆除，取而代之的是一栋栋欧式的大小洋房。占领当局只在青岛口保留了两座中国建筑，即这座总兵衙门和其西边的天后宫。

值得记住的倒是这座官衙大门外的两棵不起眼的小树。从照片上，看不出那是两棵什么树。但关心青岛历史的人都知道，那是两棵银杏，至今还在，已经是参天大树。倒是马路对面的那些更大的树，早就没了踪影。

没了踪影的还有这座中国正二品大员的官衙。1959 年，被老青岛人称作“老衙门”的这座青岛历史上最早的公用建筑，被彻底拆除，其原址上建起了一座苏联建筑风格的青岛市人民会堂。当下，会堂是青岛交响乐团的驻地。

今天的人们，如果有心，走到青岛前海的大学路和太平路路口时，抬眼看看会堂院内的东南角，就会看到有两棵粗壮的银杏树默然挺立。这两棵大树，成了青岛百年前最大的建筑物的最后的见证。

摄影师从总兵衙门东南角的高处，大约是小鱼山南麓，即今金口路一带，拍下了地处青岛口的这组建筑群的全景（图 2，见中插）。

这是一座青岛历史上规模空前的建筑群，自南而北，从大门到大堂，从主院到跨院，房舍层层叠叠，显示了传统官署的规格与气派。因竣工只有数年，所以，大小建筑一体簇新。

远处的前海栈桥，清晰在目。

那时的沿海一线，只有一条土路。后来，殖民当局把它规划并修筑成了青岛最美的风光大道，初名威廉皇帝大街，即现在的太平路。

衙门以西和以北，丘陵起伏，一片荒芜。远处山坡上几个影影绰绰的东西，似是德国人从船上卸下的货垛。

近镜头处的山地上，尚有小块农田。看上去，冬小麦长势喜人。有农田在，既显示了本地原住民的半渔半耕的生活状态，又佐证了德国人占领胶澳伊始尚未实施原住民动迁工程。

彼时青岛，只是中国北方沿海地区的一个再普通不过的海滩而已。

广武中营（图3）为清军驻扎胶澳的四营之一，其营房位于总兵衙门西北，德国人占据胶澳后，一部德军进驻其间，后在此新筑了成群的德式建筑，并以其下野的“铁血宰相”俾斯麦的名字命名了该兵营。这个地方，就是今中国海洋大学老校区。

为了拍照这张合影（图4，见中插），水兵们拉上了一大两小中国人与他们同框。只是不知道他们让中间那位中国人端的牌子上写的什么字。

从三个中国人的衣装来看，早期青岛住民的日子过得并不差。透过高大的营门，能看得清院内整洁的营房。

图3 清军广武中营的营盘

图 5 另一座清军的营门

营门外，两个德国人与一个中国人站在一起，让摄影师拍下了这张照片（图 5）。

早期青岛移民中，有聪颖好学者，马上学会了德语，成了第一批翻译兼买办。后来成为青岛首富的莱州人刘子山，人称“刘半城”，就是那批人中的一个。

这是某座营房内的场景（图 6）。一群德军官兵，在院内的山炮前嬉笑着欲拍合影。显然，这是正式合影前的一次试拍，却真实再现了占领者的心态。因未发一枪而入主胶澳，所以，无论在场的三位中国人，还是反客为主进入此院的十几个德国人，表情都很轻松。

仅建好几年的房舍，确实很新。

本来德国占领当局是要拆除这座中国建筑的，因为这些信奉基督的“洋鬼子”根本不相信一个淹死在大海里的南方少女会在冥冥中保佑全中国的渔民的海上安全。不过，当地商民闻讯后，立即与德国当局进行了交涉，并做出适当的承诺，终使总督大人顺从了民意，妥善地保留了这座始建于明代的历史建筑（图7）。

天后本名林默娘，一个淹毙于海里的福建籍女子。在中国，凡有海的地方，必有天后宫。青岛的原住民，都是明代洪武年间从西南省份迁徙而来的移民。在黄海之滨，他们学着在海里讨生活，并繁衍生息下来，就不能不像南方人一样祭拜一位海上保护神。在德国人登陆之前，胶澳商民于同治年间两度重修

图6 营房内的德军官兵

图 7 青岛口的天后宫

过天后宫。

1902 年，青岛的华商自建“中华商务公局”，其办公所即设在天后宫里。

照片上的天后宫，其原貌一直保持到约三十年前。笔者少年时，遇上破旧立新时代，天后宫成为青岛市南区文化馆的场所，直至 20 世纪 90 年代，文化馆才迁出。但之后的“修复”工程着实令人沮丧，竟然被“翻新”成了一个全然新貌的旅游景点！有心人如在青岛太平路上寻找照片上的这座天后宫，必定会失望，因为现在的天后宫，不再是黑瓦青砖的明代风格的地方小庙，而是一座用金琉璃瓦与红柱子堆砌起的仿古建筑。

照片里可见，天后宫周围散落了偌多的雕凿得大体一样的花岗岩石块。老青岛都知道，这些石头，不是用来改换天后宫建筑材料的，而是普通的铺路石“马牙石”。

得到青岛以后，德国人像经营自己的城市一样，为城区铺设了坚固耐用的石头路。

在改革开放时代之前，青岛老城区的路都是这样的石头路，只不过，经若干代人的磨蹭，马路上的每一块石头都已油光发亮。

现在老城区高地的天主教堂周边的那几条马牙石路，是近年重新铺设的。

比“马牙石”路更让人记住的是，是德国人精心设计与施工建设的青岛老城区的下水道。即便在百余年后的网络时代，“青岛下水道”也时不时地被各地的网民拎出来，当作神话一样，吊打一下本地的排水系统。老青岛称下水道与污水井口为“古力”，这是地道的德语 Gully 的音译。

前些年，街头电线杆上盛行小广告时，“投古力”的小招贴不比莆田系性病医疗广告少。外地人见此，肯定不知所云，但青岛人知道，这不过是一条疏通下水道的小广告而已。

从照片（图 8，见中插）上看，德国人修古力，真是下了大本钱。挖地不止三尺，砌石不止一层，雨水、污水分流，且污水要经过处理才能入海。

百年租期（九十九年），质量第一；不重表皮，只讲实际。难怪一个多世纪前，西方人都把美丽且整洁的青岛称作“东方的瑞士”。

因大规模开发建设整座城市，青岛急需大批劳工。于是，青岛原住民和附近地区的青壮年农民，便成了德国人辖下的第一代居民。

图9 海边的纤夫

为了便于管理，德国殖民当局把青岛划定为欧人居住区与华人居住区。即便设置惩戒罪犯的监狱，也分为欧人监狱与华人监狱。

青岛所有的市政与军事工程，都是华人经手完成的。

老照片记下了他们的身影。

在海边，他们照旧造船、修船、补网，现在又多了为德国人摆渡和为德国船拉纤的新活计。

从码头到山头，每一尊克虏伯大炮都是他们搬运的（图10，见中插）。从海岬到要塞，每一座炮台都是他们营造的。从大街到小巷，每一幢造型奇特的洋楼都是他们一砖一瓦垒起的。

他们的“家里的”（女主人），还像往常一样操持家务，相夫教子。从妇人打水的照片（见封三）上可以推测出，当时

图 11　洗海澡的孩子

图 12　工地一侧的剃头挑子

图 13 全然欧化的青岛

的青岛年轻一代的女人们，受德国人的影响，已经不再把脚缠成三寸金莲般的袖珍，而是丢掉了裹脚布，能够像男人一样正常行走，甚至能挑水而行了。老青岛把缠过又放开脚的女人，称作“小大脚（读 jue）”。

他们家的“小骚”（男孩子），一时还改不掉光着腚到海里洗澡的习惯——老青岛一直把到海里游泳说成“洗海澡”（图 11）。

从穿戴上看（图 12），早期青岛人，日子过得蛮不错。要不然，青岛怎么会从德占之初的 8.2 万多人剧增为 1914 年撤离时的 15 万人？

几年之后，渔村外的青岛口就成了这个模样，一座完全欧化的城市（图 13）。

正因为有如此之多的异域风貌的历史遗存，建置只有百余年的青岛，才有资格跻身于“中国历史文化名城”。

（图片由云志艺术馆提供）

樊城山陕会馆的三张老照片

李秀桦

襄阳（曾称襄樊）位于湖北省西部，是雄踞汉江流域中游的历史文化名城，素有“南船北马”“七省通衢”之称。汉江将城市分为南北两部分，南为襄阳古城，北为樊城。

明清时期，商业的繁盛让外地商人在襄阳大兴土木修建会馆。商界劲旅的山西、陕西商人就是最早在樊城修建会馆的商帮。樊城山陕会馆位于解放路南侧、皮坊街1号的襄阳市二中。会馆前身为始建于康熙三十九年（1700），康熙四十四年（1705）竣工的关帝庙；康熙五十二年（1713）增建拜殿、正殿及戏楼，扩建山门、增建门面，并重塑关帝圣像，改称“山陕庙”；乾隆十七年（1752），创置山门外石狮两尊（今仍保存于山门之外）；乾隆二十五年（1760）对“山陕庙”集资修整；乾隆三十九年（1774）新建了祭祀天、地、水诸神的三官殿；乾隆五十七年（1792），重修院墙；嘉庆六年（1801）重修山门、门面和戏楼，改称“山陕会馆”；道光三年（1823）重修山陕会馆，并于正殿之右新建荧惑宫、增建花园和香积禅寺（僧房）等。经过一百多年的不断修建经营，山陕会馆建筑群总面积达到了数千平方米，殿阁楼堂一百余间，形成史上最大规模。光绪十三

图 1　20 世纪 60 年代的樊城山陕会馆戏楼一角。徐信摄。

年（1887）“山陕两省众首士”又对正殿进行了修葺。百年之后，2002 年至 2004 年，襄樊市文物部门对会馆主体建筑的前殿、正殿、钟鼓楼进行了抢救性修缮。

山陕会馆不论从格局还是结构，从不同建筑装饰手法的应用，处处雕梁画栋，精雕细刻，内容有人物故事、花卉飞鸟、兽头等图案，造型生动，足以体现会馆是不同于一般民用建筑的华屋高构。其建筑装饰特色是琉璃材料的大量运用，以及精湛的石雕、木雕工艺。

山陕会馆是襄阳规模最大、保存最好的会馆建筑，2002 年公布为湖北省重点文物保护单位。

山陕会馆“祀神、合乐、义举、公约”四大功能齐备，建筑群由山门、戏楼、影壁、钟鼓楼、拜殿、正殿、花园等组成，现仅存影壁、钟鼓楼、拜殿、正殿，均为琉璃瓦覆顶。其中八字影壁的琉璃雕塑最为精美绝伦。牌楼内前部为两层飞檐戏楼，琉璃覆顶，雕花门罩，历年改建后已面目全非。

退休教师徐信曾在襄樊二中工作了二十三年，亲眼看到了这座古建筑群近五十年的沧桑变迁。“1961 年我见到的山陕会馆，不仅是黄绿色的高浮雕，在瓦上还有一组一组历史故事的组雕。最令人惊叹的就是大门两侧的琉璃屏了，上面的图纹和人物也有其含义：左边是‘日’，右边是‘月’；左边立的是文官，右边是武将。另一精彩的建筑就是院内的钟鼓楼。两座钟鼓楼分三部分，1964 年以前钟鼓楼的中下部是相通的，有木板相隔。可能是将钟鼓搁置在中部，下边是敲击钟鼓之处。那时中部四周钉有木板。四根粗大的圆木柱从地面顶托着上部的斗拱和顶部。亭的斗拱结构至今未变动过，斗拱下边的四块木雕：琴、棋、书、画没有变动，仍为原物。但斗拱上的亭顶部经这些年的翻修，已完全失真变样了！原貌是四角高挑，尖部各有一条鱼，显得轻盈美观，在其下部悬挂有风铃，微风吹动就可听到清脆的铃声。但那时会馆古旧残破的外貌令人感到凋零和沧桑。”他回忆说，“1964 年市政府文化局曾拨款维修钟鼓楼。拆除了中部四周的木板，显露出四根大圆立柱；又考虑到年代已久柱子承托不了上部的重量，就在每根圆柱的内侧加上三十厘米粗的铁柱支撑。中下部之间用钢筋水泥固定。同时对已损坏的鱼图案等翻模复制；斗拱下的装饰木雕以粉绿色作底色，凸起的图纹涂上彩色；四根大柱刷上大红色。当工程完成后，人人都拍手叫绝，赞叹这次的修缮。因经费有限，只修缮了钟鼓楼。”

这张有人在钟鼓楼上下活动的照片（图3）拍摄于1966年夏。当时，史无前例的“文革”风潮席卷襄阳，山陕会馆也被扣上“四旧”这莫须有的罪名。1966年9月2日将近中午，当时的某技校的“串联”队来到二中，向在校学生介绍“革命形势”。在革命小将离校前有学生问他们，这些古建筑是四旧吗？此人答曰，你们看是什么？话音刚落，学生们就发疯似的架梯爬房攀上房顶，掀掉房顶屋脊上的一切装饰物。徐信亲眼见到钟鼓亭上的琉璃装饰物和戏楼大殿等顶部的琉璃装饰物都是从插在屋脊顶部长一米多的铁柱上一段一段拆卸下来扔下砸碎。亭上的四块木雕也遭重锤打击，因木质厚实未被击碎，后又企图锯断木雕，经劝说才作罢。当时房顶上一批学生在行动，地面上也燃起了熊熊大火，将几个月从学校周边搜罗来的“四旧”物品付之一炬。徐信面对此情此景，只有痛惜！

劫后余生的会馆一片狼藉，残破凋零，悲惨凄凉。学校也不成学校。喜欢摄影的徐信用学校的相机记录了这一时刻。

20世纪30年代当局曾利用山陕会馆办过一所“樊城第一中心国民小学”，即今襄阳市迎旭小学前身。1949年10月在山陕会馆内恢复襄樊第一小学，创办“襄樊市中学”。这是市人民政府创办的第一所公办普通中学，始称“联中二部”，其中学前身是民国时期的昭明学堂。1956年，襄樊市中改名为襄樊市二中。

胡卫平1951年生于武汉市，襄樊二中是他生活和工作过的地方，对这个地方他似乎有复杂的感情。每天，他都可以通

图 2 1964 年的山陕会馆大门。徐信摄。

过自家房间的窗户都可以看到山陕会馆黄色的屋顶。“1958 年，母亲被打成右派，下放到襄樊，分到二中教书。当时对山陕会馆印象特别深，一开始还以为是个庙。我们是用板车从汽车站把行李拉到二中的。门口有一尺多高的石门槛儿，记得当时弟弟妹妹们过的时候还蛮吃力。有两扇大木门，现在还留下一扇。穿过戏楼下的通道就到了内院。戏楼中间是戏台，两边是厢房。从大门到钟楼铺的是石板，两边是鹅卵石。童年的记忆总是美好的，这地方不是石头就是琉璃瓦，当时就感觉到很新鲜，心里很喜欢。钟楼圆门左边进去是一个院子，钟鼓楼两边都是二层的办公楼。大殿的空间很高，当时隔起来一层，北边三间做

图3 1966年9月2日，樊城山陕会馆红卫兵“破四旧”。徐信摄。

图书室，南边做了女生宿舍。90年代又拆除楼板，恢复原状。大殿后面到教门街是一个操场，操场上有学校的气象站。那个时候大桥还没有修。整个学校既有古典美，又有田园情趣，每个老师还分了一块地做菜园。后来环境就越来越差，也不美了。”

一所满载了秦晋商人荣耀和骄傲的地标性建筑，做为“中俄万里茶道”的历史见证，屹立汉水之滨三百多年，在今天已经得到妥善的保护，这三张老照片是迄今为止可以一睹六十年前会馆风姿的唯一影像。

（图片由徐信提供）

滇缅战时影像钩沉

晏 欢

史迪威公路上的奇葩路牌

列多公路（Ledo Road）又译为雷多公路或利多公路，一般是指从印度的列多（Ledo）通向缅甸的密支那（Myitkyina）这一段，而滇缅公路（Burma Road）通常是指缅甸的密支那到中国云南昆明的一段。所谓的中印公路，也就是史迪威公路（Stilwell Road），则广义上涵盖了这两段，因为当年中文里常提及的“中印公路”却没有一个相对应的英文名称，而英文中不是以“列多公路（Ledo Road）”就是用“滇缅（Burma Road）”来表述，并没有统一的称谓。后来干脆用1945年初全线通车后蒋介石以史迪威将军名字命名的“史迪威公路”，书刊报章新闻电影中也多用此名。

史迪威公路全程都在崇山峻岭里，地形非常复杂，交通事故频发。当局为了保障安全和高效，制定了严格的规章制度。美国是汽车文化大国，美国人为维持良好的交通秩序，无奇不出，就是想象不到效果是否显著。

驾驶一辆道奇大卡车行驶在崎岖陡峭的滇缅公路上的美国

图 1　蜿蜒曲折的史迪威公路

图 2　史迪威公路地形险峻，修筑工作非常艰难，通车后车辆行驶其间险象环生，提心吊胆。

大兵一眼看见这样的警示路牌，到底是会兴奋呢，还是真能提高警惕而放慢速度？

图3、图4来自美国国家档案馆的照片，背面文字一模一样："1944年5月29日，缅甸。这是列多公路Ledo Road上的一块路牌。美军通信兵安德鲁斯（Andrews）摄。"

图3的路牌上写着："Speeders Beware！ Mark my words Wait and see. You'll Get Caught Just Like Me. 25 M.P.H"这句像是顺口溜的标语翻译成中文，大意是："开快车的小心啦！记住我的

图3 路牌上的英文标识

图 4　路牌上的英文标识

话，耐心等，看清楚，否则你就会像我这样手忙脚乱，狼狈不堪。限速 25 英里。”

原文读起来是朗朗上口的押韵文字。文字旁边的漫画是一个性感裸体女郎在慌乱中想要用一块毛巾遮身，显得手足无措，顾此失彼。以此来警告司机们“一慢、二看、三通过”，保持限速行驶。

图 4 路牌上的文宣，遵循的同样是“有味”路线：“DRIVE SLOW. CURVES ON ME MAY LOOK SWELL. BUT ON LEDO

图 5 另一处路牌上的标识

ROAD. THEY CAN BE HELL. 25 M.P.H.”中文意思是：“慢驶！我身上的曲线看了能使你膨胀，列多公路的曲线（弯道）可要你命丧！限速 25 英里。”

另外一张同样“香艳”的照片（图 5），背面文字是这样的：“1945 年 1 月 13 日，由印度列多开往中国的第一车队正驶过列多公路旁的一块警示牌，它提醒司机们不要超速。美军通信兵拍摄。”

这一面警告牌上写着醒目的字句：“TAKE MY ADVICE SOLDIER WHENEVER YOU DRIVE. DON’T BE FOOLISH AND YOU’LL STAY ALIVE. 25M.P.H.”翻译成中文大意是：“兵哥哥听我的劝告，开车时绝不犯傻，你能保住一条命。限速25英里。”

性感女郎形象出现在战场上其实由来已久，非常普遍。从这张中缅印战区CBI Theater英国军队的“美女挂图医疗室”照片（图6）中可见一斑。其背面的文字为：“1944年12月11—13日SC 384935‘英军三十六师二十九旅攻克印道（Indaw）

图6 两位士兵被挂图所吸引。

之前和期间的其他类照片’盟军东南亚总司令部摄影部队（美军）［SEAC Photo Unit（US）C109-1-C］：眼花缭乱的美女挂图装饰着皇家威尔士火枪团的医诊室，这里是英军三十六师进军印道途中安营扎寨之地，来自英格兰赫里福德（Hereford）的火枪团员罗伯特·切斯特（Robert Chester）和来自利物浦的火枪团员马斯特顿(J. Masterton)被挂图吸引，驻足欣赏‘艺术品’。摄影师：惠特利·奥斯汀（Whitlay Austin）中尉。战地新闻管制处准予公开。”

令人费解的是，这些英国军人为什么要把人家美军总参谋长乔治·马歇尔将军的照片和这些性感女郎挂在一起?

追寻照片里的“洋大妈”

这是一张（图7）背面没有任何标注的档案馆馆藏照片。严格说是两张(还有图8)，同样的人物，只是在不同的画面中。它们被混在一组“废片”之中，尺幅只有一张邮票大小，明显从未被采用，甚至从未被冲晒出来成片归档，在拍摄后的七十多年里仅仅是停留在试验相纸上。

按照当年在马里兰的美国国家档案馆复制中国抗战照片的工作经验，以及回国后的归档分类原则，这显然是一张试机扫描，也就是检验扫描仪工作状态的试片。这张照片被扫描后，并没有归入相应的文件夹当中，因此也很难引起人们的注意。

其实在此之前，我已见过这张照片(图7)，但却摸不着头脑，因为照片除了画面中的告示牌上有十六个汉字外，再没有任何的文字信息。既不知照片中的人物是谁，也不知是在哪里拍摄的。对我而言，它一直就是个谜。尽管这张照片质量相当好，

图 7 一位“洋大妈”与中国女童子军

画面对我也颇有吸引力，总觉得背后应该有故事，但由于对它几无所知，我从未挑选出它来参加任何的展览或出版，也没有在微博或微信中披露过。大概是当年洋人出于他们的视角，不觉得这张图片有什么值得发表的价值，又或许是摄影师冲晒出来小样后，觉得没啥意思，便把它当作废片丢弃了。

从照片上几个女孩子的制服，招牌上所画军人戴的帽子，以及身着军装的洋人和背景中的美国国旗，似乎是拍摄于抗战时期的大后方某地。而照片中唯一可以辨认的十六个汉字——

图8 “洋大妈”的另一幅照片

“日常用品　应有尽有　惠顾诸君　无任欢迎”——则很像是某个军人招待所的小卖部。我就女孩子们的服饰专门请教了一位年纪不大的军装收藏、鉴定大师某“匪”，他一口答说是“童子军”服，而此前我还以为她们身着的是护士的装束呢。如果是专门接待外国军人的招待所，那么为什么招牌上只有中文，而无一个洋字码？

多年来，照片里的未解之谜一直困扰着我。

前些天，本是回应著名抗战照片收藏家邹德怀先生在朋友

图 9 “洋大妈”在观看雕塑。

圈里贴出的美国护士在昆明的珍贵照片，不料却把我引向了抗战期间美国人士在昆明这个大类别的搜寻。一次浏览电脑时，发现了数张美国记者在昆明的照片，突然，这位洋大妈的身影竟跳了出来！（图 9）

我一眼认出了：就是她！

感谢美军一六四照相连的摄影师路易士·瑞克佐科斯基（Louis Raczkowski）技术军士，他在照片背面留下的文字记录帮我揭开了这位貌似美军女兵的身份：“CT—45—25310　1945 年 6 月 26 日，中国昆明 *This Week* 杂志的玛丽·戴·温恩（Mary

图 10 这大概就是她观摩到的实战演练。

图 11 炮兵训练中心的学员们，一天训练结束，回到食堂准备就餐，背景中的房子有可能就有图 7 里的那个小卖部。

Day Winn）是为数不多的几位到访中国昆明的美国战地记者War Correspondents，在她观摩了昆明的中美炮兵训练中心（Field Artillery Training Center）的演练后，在附近一个古老村庄的寺庙里欣赏具有两百多年历史的罗汉塑像。摄影师：路易士·瑞克佐科斯基。”

中美炮兵训练中心 位于昆明郊外的甘海子，先贴出几张图片给大家看看它的环境。

那张照片有可能就是在炮兵训练中心的小卖部前拍摄的。为什么照片里的招牌没英文？或许那个小卖部是仅供中国官兵使用的一个服务社，而美军教官自有他们的专属俱乐部。那栋用做小卖部的建筑物，或许就是这张（图 11）炮兵训练营地照片里的某一栋。而这几位女童子军应该是陪同“洋大妈”自昆明城里开车来远郊的训练中心参观采访的，看她们与玛丽大妈谈笑风生的模样，怎么也应该是喝过几年洋墨水的学生妹。可惜的是，我再没能找到这几位中国女童子军的其他影像和文字信息，但愿如今还有人能认出她们，最好是她们当中还有人健在——她们至少也是几十高龄的耄耋老者了——还能看见这两张清晰的照片中她们的装扮和面容。

腾冲光复后的抗疫

图 12、图 13 是记录抗战期间在云南边城腾冲中美两国共同抗疫的照片，来自美国国家档案馆浩如烟海的历史照片库。当下正是全人类共同对抗新冠病毒的关键时期，回看七十多年前的防疫场景，别有一番滋味在心头。

图 12 背面的英文说明译为中文，大意是：“CT—45—

图 12 防疫前的准备工作

22240 腾冲 中国 1945 年 2 月 28 日，抗瘟疫小队出发前往附近村镇前，工作人员在聆听主管中方团队的邓医生（音译：Dr. P. H. Teng）和美军督导顾问约瑟夫·史密斯（Joseph B Smith）中尉以及富兰克林·罗达巴洛（Franklin D Rodabough）上尉详细交代任务。每一小队里有两位队员配备了显微镜、老鼠夹（笼），以及必要的喷雾器喷洒滴滴涕化学药品。肖普（Schwep）中尉拍摄。”

史料记载，1944—1947 年滇西曾流行鼠疫，1944 年 10 月底，国民政府调集大批训练有素的鼠疫防治专家和公共卫生专家，

图 13 正在进行防疫工作

奔赴滇西南地区，灭鼠防疫。而腾冲光复是 1944 年 9 月，光复后的数月时间里都在恢复重建。1945 年 2 月，曾与中国军队携手并肩从日军手中将腾冲解放的美国军队可能还仍然驻扎在腾冲或附近，此时两国防疫人员共同应对瘟疫，也是共同战斗的一种延续。

照片中那位穿白色上衣的中方负责人邓医生，他的衣着和发型以及架在鼻梁上的眼镜在这群人里特别显眼，算是那个年代有地位的医生的典型形象。蹲在地上的那位阿伯，头顶上的绒线帽是滇西的流行款式，在其他滇西同时代照片中经常可以看见。他有可能是这户人家的主人，好奇地打量着院子里一大堆奇奇怪怪的防疫器具。站在门槛上的小姑娘，大概是这个四合院人家的闺女或是孙女。从这些人的装束看，毁于战火几个月后的腾冲，似乎生活以及环境都已经趋于平静。女孩脚上的鞋子看上去十分时尚，像是一双皮凉鞋，应是舶来品吧。那堆了一地的防疫设备器材，看上去挺洋气，还有红十字标志，有些直到20世纪六七十年代都还在使用，并不觉得陌生；右边的容器盖上，还可以看见有一个仪表，可能是控制压力之用。

图13是从完全不同的文件夹里所发现，背面英文说明译为中文大意是："把毯子熏蒸以消杀带病毒的虱子。一九八师的工兵们把他们床上的铺盖被单以及衣物拿到这个防疫站点，在这里用氰化物进行消杀熏蒸。左起依次为：防疫委员会的邓医生（音译：Dr. P. H. Teng）、周先生（音译：P. C. Chou）、朱先生（音译：T. Chu）和约瑟夫·史密斯（Joseph B Smith）中尉。腾冲　中国　1945年2月28日。肖普（Schwep）中尉拍摄。"在这张照片里，正示范仪器操作的邓医生面部，可以看得更清晰了。

一九八师（师长叶佩高）是五十四军（军长阙汉骞）攻克腾冲的主力师，此刻滇西战事虽然已经结束，该师应该还没有调离腾冲。如今，腾冲县城里还耸立着一座一九八师腾冲战役阵亡将士纪念碑，去腾冲观光旅游的人仍然可以在参观完国殇墓园和滇西抗战纪念馆后，移步前往附近的这座纪念碑鞠躬致敬。

过去的十年里，对于腾冲这座抗战中第一个从日军占领下解放的中国县城，公众的目光总是聚焦在那些硝烟弥漫的腾冲之战的照片上，鲜有如此生僻的主题画面出现在人们的视线里。今将其公开展示，也算是对那段历史影像资料的某种补充。

（本文所有图片均来自美国国家档案馆）

我的母亲和父亲

杨衡善　李秋敏

我的外祖父马幼渔（名裕藻）于1913年始任北京大学国文系教授，讲授文字学、音韵学，1917—1935年任国文系主任，胡适接任系主任之后，他继续当教授，直至1945年去世。我母亲马珏是他的长女。1929年进北大预科（课），1931年在政治系本科读书，1934年初离校，因婚事未克毕业。

母亲马珏在北大小有名气，不仅因为她是教授之女，攻读的是政治，更因为她天生丽质。本来那时北大的女生就非常稀少，加上母亲固有的花容月貌，所以一时名重红楼。六十多年后她的一位老同学张中行念及此还写道："我1931年考入北大，选中国语言文学系，系主任马幼渔（名裕藻）是马珏的父亲；马珏在政治系上学，有一顶了不得的帽子——'校花'。人，尤其年轻人，常情，水做的怎么样说不清楚，泥做的都爱花，如果还大胆，并愿意筑金屋藏之。诚如我所见，上课，有些人就尽量贴近她坐，以期有机会能交谈两句，或者还想'微闻香泽'吧；以及她后来的文中所说，常常接到求爱求婚的信。我呢，可谓高明，不是见亭亭玉立而心如止水，而是有自知之明，自惭形秽，所以共同出入红楼三年（她1934年离校），我没有

图1 母亲父亲婚前照

贴近她坐过，也就没有交谈的光荣经历。”

作为小儿子，我长期与母亲生活在一起，她去世时，我五十四岁，数起来，在母亲身边的时光在四十五年以上。在我心目中，她只是一位极普通的母亲，因生活需要而办公持家，因命运安排而上下颠簸。我知道她的背景，但我感受不到北大的气息。后来有人想发掘她这座“宝库”，她却说：“有什么回忆头啊？”当时我也觉得，我的母亲似乎很平常嘛。

史书，往往是伟人传加大事记。“一将功成万骨枯”，史书记载的是那些“将”的经历，“万骨”呢？群众的命运是不入史的。有的人，他的经历给历史留下了痕迹，以至于有的时代被称为 ××× 时代。更多的人，芸芸众生，是历史在他们身上留下了痕迹。然而，从这芸芸众生身上的历史痕迹中也能折射出历史的真实一面，所以我想，从我母亲身上还是能寻觅出历史踪影的。

我母亲的中小学教育是在“孔德”接受的。孔德学校创办于 1917 年，1918 年 2 月开学，我母亲即于此时入学。她在“孔德”上了近十年学，完成了现在所说的“义务教育”，1927 年 8 月进中法大学预科，翌年，又考取北大预科。

母亲后来选读了北京大学的政治系。外祖父对子女专业前景的设想含有极大的民主革命热情，也充满天真的浪漫色彩，这热情与色彩在社会严酷现实面前显得十分软弱无力。母亲读政治系没有毕业，就是毕了业怕也不可能如外祖父所想去当什么公使。外祖父让大舅马巽去日本学经济，让三舅马节去德国学经济，大有振兴积弱民族，建设经济强国的气概，但舅舅们虽学有所成，却用武无地，旧中国不说了，新中国成立后，他们分别在科技情报所和外文出版社从事日文、德文翻译，用的仅是语言之长。二姨马琰在北大学法律，外祖父希望她能为争取女权做事，又说“就是离婚，也可保护自己的权益”，谁知一语成谶，二姨学的法律就只有了这点用处。时代与社会，没有提供有效的空间来发展，他们只有空怀才志。

母亲在 1928 年春天考入北京大学预科一年级。这是一次特殊的考试，入学者到秋天即可升入预科二年级。但母亲因考试太累以致病倒，所以一入学就休学，到秋天仍上预科一年级。1930 年转入政治系本科，学到 1934 年离校。

北大分三院，一院在红楼，是文科和部分法科；二院在景山东街，叫马神庙，是理科，有一小礼堂，一般名教授在此演讲；三院在北河沿，译学馆旧址，全是法科，有大礼堂。政治系属法科，母亲在红楼上课，有时到二院听胡适的课（自由选择），外请学者讲演均在二院，如鲁迅先生讲演就在此。

母亲曾回忆她的大学生活："我记得第一天去沙滩上学，又兴奋又紧张。红楼从一楼到三楼都有教室，每层楼中间有教员休息室。教室的桌椅有分开的，也有在右手处有一扶手可写笔记的。必修课教室固定，选修课任选。同学中大多是男同学，女同学很少，1928 年已由几人增至十几人。男女虽然同学，却不轻易交谈，互相不知姓名，因为注册室的人每堂课来点名是看椅子上有人即在点名册上画'到'。

"那时在学校学习全凭自己自觉努力，老师都是高水平的，图书馆藏书也极为丰富，就是刚一入学，觉得学校太大，摸不清如何利用这好条件去学习。

"北大课外活动特别活跃，可以学习乐器，包括钢琴、提琴，可以学摄影，可以学唱歌，可以学昆曲，还有体育活动，同乡会、同学会等等。我参加过钢琴和昆曲的学习，还曾受清华大学昆曲老师溥侗先生的邀请去合演过《游园》。到了春天有旅游活动，到了冬天，校方在一院的大操场搭起人工溜冰场，下课后同学们成群结队去玩。

"1928 年秋季入学，12 月是三十周年校庆（现为'五四'了），11 月即有校庆筹备会来邀我表演节目。我很为难，因为我很少参加文艺活动，只在初一演过一次儿童剧《青鸟》，我扮演'牛奶'一角，就一句台词：'我觉得我要变味了。'这次我想拒绝，可他们再三动员，我只好勉强接受了，决定演一段单人舞，起名《倦鹤舞》。由我自己去找孔德学校教体育的女老师排练，这时离校庆只有两个星期了。记得演出在三院大礼堂。当时是隆冬腊月，生了几个大火炉也不管用，冷得我浑身起鸡皮疙瘩。我本来就没有舞蹈基础，简直不知怎么上的场，也不知怎么下来的，只见黑压压一片人头晃动，跳完后气喘吁吁，然而同学们非常捧场，掌声如雷，紧接着是我特邀女师大一位同学跳《燕子舞》，直到‘燕子’上台掌声才停。《燕子舞》跳完掌声稀稀落落。我感到对客人太不礼貌了，心里很不是滋味。过了几天小报上登了一篇评论，说‘《倦鹤舞》只会东窜西跳却掌声不停，《燕子舞》很有功底却掌声冷落，太不公平了’，我读了非但没有不高兴，反而很感谢这位记者说了实话，替我表达了抱歉的心情。

“六十年前我正好十八岁，当时女生很少，所以我显得很突出。记得上第二外语时课间休息，我从女生休息室回来，见我书桌上写着，‘万绿丛中一点红’，我一见很生气，也不知谁写的，就用纸擦掉了。第二次再上课时又见上面写着‘杏眼圆睁，柳眉倒竖’。我又擦了。不但有这种‘题词’，还常接到来信。我当时的心里就是见信很不高兴，觉得别人欺负我，很难受，可见了信还光想看，看完了就又哭。日子长了父亲发现我情绪不正常，我如实反映了情况。父亲说：‘他们写信给你，是对你有好感才写的，没有恶意，不是你想的那样，你不愿理他们，不看就是了，把信给我。’可我又不愿意不看，父亲就又说：‘那么要看就不要哭。’父亲对我体贴入微，我有什么想法都愿向他说。来信绝大多数是普通信格式，大意是要求通信做朋友，充满敬慕之词。有一个装订成本的给我印象很深，一共两本，一本给马先生，一本给马小姐，内容从不知我的名，‘珏’字怎么念说起，然后介绍自传，直至求婚。还有一个经常来信而不署名，发信地址又老变的，我也留下了印象。事隔多年，这些信一直留在我脑子里，我的看法可是大变了。我以前的看法是不对的，以致同学们普遍反映我骄傲自大不理人；还是我父亲的话对，可是我再没有机会向同学们说道歉的话了。”

再说说我的父亲。

父亲杨观保，字季鹗，光绪三十一年（1905）生于苏州老家，幼年方随母进京与父团聚，这时大约已到民国初年，他七八岁的样子。祖父杨赓元，字良孚，是清末副贡，任户部（后改度支部）钱币司小京官（民国后任佥事）。祖父去世于1937年，我还没出生。祖母与父亲母子从苏州坐小火轮拖的航船到上海，换乘大海轮到天津，又改乘火车到北京，这是他人生第一次大旅行，印象深刻，不可磨灭。父亲在哪儿上的小学，言谈中曾经提及，但我记忆不深了，是不是北京高等师范学校附属小学，已无可考。但中学确是在北京高等师范学校附属中学上的，因为这时他与大舅马巽同学，此校即现北京师范大学附属中学前身，所以他们是师大附中校友。

父亲在附中毕业后即进北洋大学预科学习。北洋大学始建于1895年，原来由盛宣怀创办，叫中西学堂，1896年改称北洋大学堂（现天津大学前身）。父亲准备预科毕业后攻读土木建筑本科，但1924年一场学潮改变了他的命运。这场学潮目的是驱逐校长，校长是谁，为何被驱，未找到有关资料，但这位校长终于是被免职了。可上峰认为学生犯上似也不可助长此风，所以要求闹事学生写悔过书。年轻气盛的父亲拒绝做此事，愤而返京投考北京税务专门学校。

税专前身是清政府创办的税务学堂。这学校的创办可能是

图2 父亲母亲结婚照

洋务运动的延伸，“师夷之长以制夷”应是办学之初衷。父亲回忆，此校所设财政、经济、法律以及国际贸易等课程均由英人以外语讲授。因为清政府战败签订了不平等条约，海关行政管理权全由洋人说了算，洋员地位极高，而华员地位极低，其理由是华员水平低，所以培养高水平的海关人才就成了一种可以更多地取得管理权的手段与途径。事实上，税专毕业生后来逐步成了海关华员的中坚力量。由于海关管理相对封闭，可以“独善其身”，奉行的高待遇、高保险政策成了一般人为谋求稳定、富足生活而进行追逐的目标，号称“金饭碗”，导致税专成为当时最难考的高校之一。爸爸脱颖而出考取税专，为他前半生的生活轨迹做了基本的确定。

1928年，父亲税专毕业即在天津海关就职。

1933年，母亲与父亲结婚。母亲婚后继续在北大求学，然而终于没有完成学业，就此成为家庭妇女。她不是没有机会或没有能力走向社会，但当时的职业女性，当“花瓶”的居多，实际能做事的只是少数，加上父亲收入不菲，自然不愿太太出去闯荡，于是将母亲雪藏家中十余年。

再说天津海关的情况。海关本应设于海口，但通商口岸因不平等条约而增辟，所以海关也不仅设在沿海，沿边、长江各口岸，以至内地，均有设置，如蒙自、安东（今丹东）、苏州、沈阳等。天津为仅次于上海的第二大港，所以海关规模甚为可观。父亲在天津海关供职二十年，至 1948 年方调上海海关总署任养老储金股主任。这时他的级别已达超级帮办、代理副税务司和副税务司。

父亲税专毕业进津海关，一年后任四级帮办。抗战胜利时曾任津海关接收敌伪码头仓库办事处主任。这个办事处是怎么回事呢？试道其始末，所述均从父亲处听来。

天津市为华北最大的通商口岸，既是北京的门户，又是经济、贸易和生产的中心。19 世纪中叶以来此地租界林立，主要有英、日、法三国（德租界自第一次世界大战后已成陈迹，俄意两租界发展有限）。因此，洋商所开的洋行、进出口公司及船行等不计其数。1937 年抗日战争全面爆发以后，日商所经营的各色各种株式会社和商店以及进口的货物充塞了天津的市面。

1945 年日本投降后，根据南京政府命令，凡是敌、伪产业和物资一律没收充公。那时，众所周知的事实是那些长期蹲在重庆的官僚、政客和奸商们都认为这是百年不遇的发财好机会，于是争先恐后地抢购飞机票飞向沿海各口岸来活动，头一任天津市市长张某，据说在重庆官场是有名的“标准小人”。此人一到天津，就命令手下爪牙把所有的敌伪的码头和仓库（一般船行的码头都建有卸货的仓库）贴上封条表示查封，然后打开后门，偷运物资，合伙分肥。老百姓们盛传“接收”大臣为“劫搜”大臣，如此可耻的勾当是家喻户晓的事实，所谓公开的秘密，不足为奇。

大概这混乱状态泛滥不久就被南京政府察觉，感到不妙，岂能让这样一大块肥肉落在他人口中。于是行政院院长宋子文就亲临北京要成立敌伪产业处理局，由南京自己派员掌握；处理局分设在上海、天津、广州、汉口四大商埠。华北总部设在北京（原日本使馆），任孙越崎为局长，顾毓泉为副局长。1946 年春，津海关（解放后称天津海关）接到上海海关总署转来南京财政部关务署指令，筹立津海关接收敌伪码头仓库办事处，协理处理局负责敌伪物资的保管事宜。宋子文是留美出身，据称洋派十足，了解海关的工作效率一直比较高。对照旧社会其他官僚衙门，海关的组织、制度和工作是比较正规化的。溯其原由，须涉及 19 世纪鸦片战争以来，以英帝国主义为首的列强为了使逊清腐败政府所订立的不平等条约赔款有所保障，由清政府聘请英国人赫德为中国海关总税务司，统管全国各口岸海关的实际工作。赫德一方面做的是中国政府的官员而实质上是中国海关的统治者。中国政府名义上可以任免总税务司，但所任命的总税务司，其国籍必须是与中国贸易额最高的外国，而那时贸易额最高的国家就是英国。同时，中国政府却无权过问海关内部的一切工作。于是赫德制定了海关的组织，决定华洋内外勤人员的任用、待遇以及工作运行的种种规章制度。这些是仿照英国文官制度制定的，其总的原则是以待遇优厚和纪律严格为手段取得较高的工作效率。其后在我国铁路、邮电或其他新式机构中都有相似的内容。清政府原设的海关监督公署一向腐败无能，直至民国以后，虽有机关，名存实废，每月只从海关领取该署经费而已。上述历史背景可能就是宋子文找到海关来协助处理局的用意所在。南京政府为了要从这批贪官污吏手中夺取抗战胜利的果实，当然要寻找一个可靠的看守者。

津海关税务司卢斌委派父亲（当时海关级别为内勤一等一级帮办）担任津海关接收敌伪码头仓库办事处主任的职务。不久，卢斌调任上海海关总署人事处税务司，来津海关接任税务司的卢寿汶继续委派我父亲担任办事处主任。父亲曾随同卢寿汶去北京处理局总部开过两次会议，与处理局孙越崎局长议定了双方办事的手段，主要内容如下：

> 一、海关只负责码头仓库中所存物资的保管，一切处理权完全由处理局掌握。有关普通商人存放的非敌伪性质货物另有规定。
>
> 二、海关方面进行是项协助工作的一切费用，包括海关正规职工的参加者、必须招收进来的临时内外勤雇员及每天现雇勤杂壮工等等的工资、待遇和其他有关开支，概由海关按月造册向处理局报销。
>
> 三、处理局在天津市应设立驻津办事处以便随时就地负责与津海关方面联系以便工作的进行。

父亲受命筹立接收码头仓库办事处，自感责任重大，并且所担任的职务并非海关内勤本身工作可比，毫无经验可以借鉴，经过考虑再三，向领导书面提出两则主要意见：

> 一、要有用人之权，办事处所需海关正规内勤人员及正规外勤主要负责人员必须由主任选用。其条件为，行为

忠实可靠和工作能力胜任。

二、主任办事应该有职有权，上级应避免越权干涉，在具体工作中如遇争议、困难或其他重大矛盾发生时，主任除将有关情况汇报税务司以法裁决外，在商讨时应发挥民主讨论的精神以利工作。主任在处理办事处内部工作中，亦须遵照同样精神。

在整个敌伪物资处理过程中，情况复杂，争斗激烈，难以尽述，所幸处理局与津海关在是项工作中的合作情况是良好的，没有发生过任何矛盾。究其原因，一则在开始工作之前，双方业已召开两次会议，彼此了解较深，所订职权分明，避免误解，奠定了工作顺利的基础。二则处理局的工作人员技术人员较多，包括局长孙越崎在内。该局驻津办事处的组长、科长们，他们大都来自南京资源委员会，没有旧官僚习气，作风爽朗，实事求是，在工作中感到很好办事，彼此本着精诚合作的态度，省去许多繁文缛节，从而促进了双方的工作效率。

经过一年半的紧张工作，到1947年末，天津地区敌伪物资的处理工作基本结束。父亲因兢兢业业、廉洁奉公连升两级，调往上海海关总署。

这一段时间可算是父亲一生中的辉煌期，不仅学业、事业有成，家庭生活也很幸福、美满。1949年以后，就逐步走下坡路了，甚至沦为阶下囚。这不是他个人的过失，时也，势也，摊上某个时代，大势所趋，在劫难逃。这样的沦落并非一日之寒导致的三尺之冻，它是一步步来的。

由于父亲的待遇趋于普通，母亲参加工作的话题又提起，那时，北大的牌子还是起作用的。1951年，海关宿舍有位同楼

图3 母亲在枣庄工作证照

邻居谢为楫，是冰心的弟弟，他的妻子刘纪华是燕京大学“金钥匙”获得者，在宋庆龄领导的中国福利会工作。她知道母亲，所以一经提起，即联系她的工作对象上海儿童图书馆，很快就安排上班，成为隶属上海文化局的职员，从而参加革命工作，总算使荒废的学识发挥了一点作用。以后又调往济南华东煤炭管理局行政处任文书，调往枣庄矿务局安全监察局任文书统计，于1972年退休，时年六十二岁。这是后话。

再说父亲。先是被“留用”，从总署调到上海海关（江海关）任总务科供应股股长。接着是“三反”“五反”运动，不明就里的父亲无法踏准运动的节拍，惨遭淘汰正是理所当然。怎么踏不准节拍呢？“三反”运动工作组指定父亲负责的供应股要打两只“老虎”。“老虎”指贪污犯，供应股连父亲共七人，父亲说，这六人一只“老虎”也没有，要有，我早就抓了，还要等你们工作组吗？结果以“打虎不力”罪名停职反省。工作组打出了两只“老虎”，运动后期又落实没事了，不是“老虎”。当然父亲也没恢复职务，而被送去“革大”（人民革命大学）学习。

半年的苏州革大学习后，来自山东济南的华东煤炭管理局党委书记何以端率员去苏州革大“网罗人才”，轻而易举地让父亲踏上了后半生主要生活的地域——山东。父亲先是在管理

图4　初至枣庄家庭合影。前排母亲父亲；后排兄杨膺善（左），时在上海复旦大学物理系上学，我（右），时在济南三中读高中。

局的行政科里干管房产的活儿。此时他的工资莫名其妙地削去了一半。再后来，支援枣庄矿务局，在机关食堂卖饭票，当了会计。1962年调枣庄矿务局中学任英语教员，兼图书馆管理员。

1965年，把父亲从华东革大挖来的何以端担任了煤炭科学研究院的党委书记，他还记着爸爸这个人才，电召他入京，但北京户口之难办，使何以端也无计可施，爸爸终因无力坚持而返回枣庄。

后来就摊上"文化大革命"了。其间，父亲遭受的种种磨难，不说也罢。在经历了免予刑事处分，开除公职，重得矿籍，父亲以一、二级工身份在更新厂（一个修旧利废的小厂）就业，后又病保在家。落实政策后，还返校任英语辅导（辅导水准不足的教员）并充任政协委员，终于光荣退休。这时已到了父亲的临终岁月了。父亲的一生就这样伴随着20世纪的大半时光走过去了，他的经历深深地打上了时代的烙印，这是命运，谁也鞏不得的。

父亲母亲的爱情生活是最为亲友称道、最为儿女们心仪的。这确是长久以来形成的一种定型的看法，可以拿出许多事实来进行佐证的。我的印象中，至少有三次重大的生活转折，是父亲毅然决然地做出了抉择，影响抉择的因素中，母亲总是占有首要地位的。第一次是抗战烽火乍起时，父亲有机会到内地去，

图5 在枣庄拍的准全家福。前排左起孔涛（姐杨康善之女）、母亲、父亲、杨文勃（我的长子），后排左起姐杨康善、兄杨膺善、我。

图 6 1984 年，父亲与伤腿卧床的母亲。

也确有一些他的同学、同事撇下家小到了重庆，后来以接收大员身份重返故地，爸爸做不到抛妻弃子，就在沦陷区苦守八年，但从未听他说过后悔。第二次是 1949 年，新旧政权更迭之时，可以走而未走，对国民党的彻底失望是一方面原因，不只身离开大陆是另一方面原因。第三次是奉何以端之召赴京搞翻译，本来没有户口也是可以坚持等待的，但母亲在枣庄颈淋巴结核复发，病中呼唤父亲回来，父亲义无反顾，自京返枣。这几件事可以看出父亲对母亲是情深意笃的。

早年也有一些事情很说明问题。小时候在天津我见过一本装订整齐的本子。纸张是彩色的，印有花纹，似乎还散发幽香，上面写着密密麻麻的蝇头小字，我刚一翻，就被母亲拿走了，说不许小孩看。这是父亲的情书集，珍藏起来的，母亲有时还翻弄。我还记得，有一次母亲发脾气，打开卧室窗户，把要吃的药一瓶一瓶地扔到了街上，父亲在旁一个劲儿地劝解，其他人都吓得不敢出声，连卧室门也不敢进。母亲的潜台词“我不治病了”，“我死给你看”，这是恃宠女人撒娇的通常方式，父亲全然包容。当然，这是自己成人以后方知晓的常识。没结婚前，父亲大学毕业在天津海关工作，每个星期都坐火车到北京见母亲，六年如一日，风雨无阻，这是传为佳话的，我听说过。精诚所至，金石为开，终于迎来了美满婚姻。小报报道，“北大‘校花’今日下嫁津关职员”，我见过这张剪报。南社诗人、北大教授黄节先生撰写对联曰：“好景良辰，冰盘同宴喜；交杯劝酒，玉立照新妆。”这勾画婚礼情景的对联毁于“文革”，但仍记在母亲笔记里，是美好回忆的记录。

父亲母亲的爱情与婚姻应该是无可挑剔的。但能说是始终不渝吗？我一直没想过这问题，因为一直没在这方面产生过怀疑。不过，大家都看到的事实是，晚年的二老争吵不断，可以说走到哪里吵到哪里。由于有几十年的深厚基础，大家只是以为这是老人心理变化，正常规律，不足为奇，因而没人去做深入的探究。二老从不向人敞开心扉，倾吐自己的苦闷，尤其是父亲，不仅口头，文字上也没留下任何记录。倒是母亲，在摘录的诗文里，在随手写下的感受里，透露了一些这方面的信息。可惜，我见到这些信息已是母亲去世近十年了。看来，他们的感情在最后的岁月里还是出了一些问题的。“文革”中父亲独自扛着外界的巨大压力。有一次，深夜将父亲抓捕监禁，一整天连送饭的也没有。母亲毫无思想准备，吓昏了头，不知所措。我被隔离别居，事后才知此事。这些事情，都在父亲心里留下了伤痕。他说过一句伤心话：“《六月雪》里，窦娥的婆婆都知道给窦娥送饭。”这话记在母亲的笔记里，事后读来回味，尤为酸楚。

“文化大革命”终于毁了父亲母亲一生营建起来的美丽爱

图7　“文革”前父母合影。

情。父亲的痛苦始终藏在心里，只表现在和母亲的矛盾上及自我封闭的生活上。母亲不断向父亲解释以求缓解。我以为爱情是十分感性的东西，直觉主宰一切，没有道理可讲，什么时候爱情要进行理性分析来证明它存在，那肯定产生了问题。爱情是需要呵护的，再坚不可摧的爱情也经不起外在的无情折磨和内在的听之任之联合在一起的残害。“文革”给父亲带来的伤害是深入骨髓因而致命的，如果他在妻子和身边的儿子我这里得到应有的抚慰，这抚慰可能让他有更好的情绪的。可我这生活在父母身边的儿子对此的反应如此麻木漠然，难以宽恕。世上真没有后悔药卖。

父亲于1988年在枣庄去世，享年八十三岁。虽不为寿夭，但他可能更长寿些的。母亲六年后于北京去世。2014年枣庄《新视听》记者采访我，我仔细阅读了母亲零乱的笔记，发表了记叙母亲的长篇文章，其结尾写道：“1992年，马珏被大儿

图 8 1986 年父母合影。

子、女儿接到北京。带着‘人生成永诀，来世再结缘’的梦想，八十四岁的马珏于 1994 年在北京病故，与杨观保合葬在‘让友人羡慕’的万安公墓，那里埋葬着许多名人学者，如李大钊、朱自清、曹禺、高岗、冯友兰……她来自这个群体，又回归那个世界。当年，他追了她六年。后来，她念了他六年。他用一生的宠爱兑现着男人的忠诚，她用一世的率性诠释着女人的爱情。两人又在一起了，在另一个世界……”

我立在母亲停灵的床前，感到自己忽然悟解了人生。一个曾经美丽永远美丽的女性，一个深得祝福又怀有理想的生命，一个云端女神、家庭主妇都来得的伟大的妈妈，一个我朝夕共处、甘苦与共而没能完全理解的人，走了，属于她的时间与空间过去了。这就是人生。我们每个人都这么走来，又这么走去，仅是占据的时间与空间不同，但都背负着自己的业绩，还有历史打上的烙印。这就是人生。

祖父和江西裕民银行

刘大力

祖父刘玉乾，一辈子在银行度过。

他这辈子有两件事值得称道：一是算盘打得快，二是字写得漂亮。打算盘是吃银行饭的看家本领，必需的。而一手好字，让他当上了江西裕民银行的书记。得说明一下，从前的书记跟现在的书记是两码事。秘书都谈不上，只是个抄写员。顾名思义，书记，就是书写记录。祖母跟我们聊过，年轻时，有个当会计的人想“挖墙脚”，勾引她说：“你跟一个当书记的，有什么出头的日子？”

可想而知，书记在当时的地位了。

银行每个月照例要送份报告给省行，汇报当月的经营情况。报告送多了，有一天省行的总经理喊住了送报告的地方办事处主任（当年，县里是不设行长的），问他，报告谁写的？

不久，祖父奉召去见了这位省行总经理。他叫史世珍。

祖父年轻时堂堂仪表，还读过十三经，与上司见面时，应对自如。史世珍当即对他鼓励了一番。回去不久，就提拔祖父为某县办事处主任。

当了主任，人家就夸我祖母有远见。其实并非如此。奶奶

图 1 祖父与祖母

跟爷爷是青梅竹马的表兄妹，一辈子都很相爱，无论天晴下雨，始终不离不弃。主任的月薪是八十元大洋，祖父全部交给精打细算的祖母，日子过得很周全。还供两个儿子上大学。

也许是史世珍有意要培养我祖父，让他当过好几个县的办事处主任，比如奉新、弋阳、乐安、铅山等地，以历练他。当地人都称银行的主任为“财神”，很尊重。我父亲曾经私下问他：“国民党时期，银行能不能贪污或挪用公款？”他说，没有这个漏洞。上面经常来对账，点现金。不打招呼，不讲情面。点钱的都是高手，零票子都点得飞起来。

裕民银行是个半官商性质的银行，不是铁饭碗。职员们办事都很认真，高级管理人员是政府委派的。

裕民银行怎么来的呢？1926 年，北伐军平定江西，在解决市场辅币和处理金融善后的同时，江西裕民银行的筹建工作也开始了。1927 年 8 月，省财政厅厅长黄实邀集商界人士就金融问题一再商讨，认为非设立金融枢纽机关不足以流畅资金、繁荣市面。经各方同意，遂议定以“裕国利民”之意创设江西裕民银行。资本100万元，官商各半。最后实收现金50万元即行开办。总行行址设在南昌市。

江西裕民银行于1928年1月7日正式开始营业，初设分行两处，代理省金库。不过，以所见裕行纸币实物论，江西裕民银行在正式营业之前，业已发行纸币。1926年，使用江西平市钱局铜圆票加盖江西裕民银行流通，计有10枚、20枚、100枚；另外，在武汉印制国币辅币券5角一种，均主要在九江等地流通。

此后，江西裕民银行之营业逐步走上正轨，发展迅速，成为民国时期江西最具规模和经营时间最长的省级银行。法币发行以后，江西裕民银行的纸币以辅币为主，至1945年，抗战胜利前后，江西裕民银行获准发行100元、200元、400元面额的本票，可当现金流通。

省行总经理史世珍是什么人物呢？查有关资料：史世珍出身书香门第，自幼从父读书。后毕业于九江同文书院。1921年他远赴美国留学，初入俄亥俄州立大学攻读文学。1925年获文学学士学位。同年转往美国伊利诺斯州立大学研修经济学。1927年，获经济学硕士学位。史世珍学成归国回到故乡，受聘为江西省立第十中学（现波阳中学）校长。1930年，被聘任为中央陆军军官学校第十一期外语主任教官。四年后任职中央银行兼受聘于复旦大学教授经济学。并任国民政府行政院参事四年。

1942年借调接任江西裕民银行总经理之职，他为争取地方财力，发行纸币，以调节金融，增进全国抗战力量，及发展地方工商业，竭虑殚精。这期间，他还先后兼任南昌葆龄女子中学（今十中）、豫章中学董事长。抗战胜利后，他辞去裕民银行之职，转就中央银行顾问职务，兼任经济研究处专门委员、西北实业公司总经理等职。1949 年去了台湾。

史世珍育有二女二男。长女史慧中获金陵女子大学理学士。次女史惠珠为美国麻州东北大学商学士，后又攻修医学，在美国行医多年。长子史怡中为美国南伊利诺大学哲学博士，先后任教于美国的大学和台湾及香港等地的大学。次子史台中先生为美国波士顿大学工商管理学系硕士，在美国等地从事金融贸易。

图 2 1945 年 6 月 25 日，江西裕民银行史世珍总经理莅任三周年纪念合影。摄于上饶。

1990年，史世珍在台湾去世，享年九十一岁。

我家藏有一张1945年6月25日史世珍在上饶裕民银行与同仁们的合影。上方有小楷题识：江西裕民银行史总经理莅任三周年纪念摄影。照片已经发黄，但十分清晰，弥足珍贵。照片上前排十一人，后排十二人。史世珍神情轻松地坐在前排正中央的一把竹靠椅上，一副细金边眼镜，一身洁白的中山装，头发中分，面露微笑。我祖父则端坐在前排右起第三的位置，两手垂膝，深色的中山装，深色的宽边玳瑁眼镜，风纪扣严严实实，他一生都是如此。

2019年，沉寂了半个多世纪的江西裕民银行又锣鼓开张了。但是，今人对以往的历史已经模糊不清。

这里不得不说一句题外话，江西裕民银行除了在金融上对社会的贡献外，在艺术上还产生过巨大的贡献。那就是在它众多的职员中出了一位伟大的艺术家——画家黄秋园。听我们家族中在裕民银行服务过的前辈说，黄秋园是裕民银行里一个普通职员。天热同事中有人买了扇子，往往很随意地跟他打个招呼："秋园，帮我在扇子上画两笔。"黄秋园笑笑就答应了，他处世低调，为人随和。

主人并不知道这扇子的金贵，打瞌睡的时候，扇着扇着扇子就掉地下了，甚至不知去向。掉了也就掉了，觉得没什么。现在，这些掉了扇子的人把肠子都悔青了。因为，黄秋园先生的画，现在拍卖价每平尺已经上了百万，还在不断看涨。

黄秋园先生去世后，遗作在北京搞了一次画展，一下就轰动了整个京城，震撼了整个中国画坛。一代宗师李可染先生叹道："国有颜回而不知，深以为耻。"1987年中央美术学院追聘秋园先生为名誉教授，中国画研究院追聘秋园先生为荣誉院

图3 祖父（右）与同事张卓伦的合影，为1946年6月15日祖父调离时张卓伦所题赠。

委委员。

我的祖父，将从弋阳裕民银行办事处调往乐安县办事处时，同事张卓伦先生送了一张合影给他作纪念。背书：“相交十年，备承雅爱。今兄奉命调长乐安，行将暂别，无限依依，愿彼此精神永远合一，患难相共，不负初志，实万幸焉。此上玉乾主任吾兄。叩。三五，六，十五。张卓伦。”照片的背面，文笔、书写和钤印都很典雅。而题识者只是裕民银行一个普通职员。重视文化、爱惜人才是当时的风气。

祖父生于庚子年，死于1973年。今年是他一百二十周年冥诞。

怀念父亲孟继声

孟建新

父亲离开我们快三十年了，时间的流逝没有抹去我们对他的怀念。

外行变内行的“地质行家”

父亲孟继声是河北完县（现顺平县）人，1920年生，1937年参加革命，战争年代长期工作在根据地与敌占区之间，曾任中共完县县委书记，晋察冀边区三地委秘书长、宣传部部长等职。

父亲在中华人民共和国成立后与地质工作结缘，早在地质部组建之前即在张家口担任华北地质局副局长。这之后的几十年里，除“三年困难时期”中央组织百人调查团支援农业，被派往河北雄县兼任县委书记，又在“文革”中被造反派关押一年之外，直到1993年去世前，父亲一直都在为中国的地质事业呕心沥血。

父亲是师范毕业生。在战争年代一直从事党政领导工作，但他在建设时期能够根据工作需要，苦心钻研专业知识，使自己成为业内公认的“地质内行”。1956年调入地质部后，他先

图1 父母抗战时期在阜平的合影。

后担任过北方总局副局长，地矿司副司长，石油局局长，中国地质科学院代理党委书记、副院长，科技司司长，地质博物馆馆长，地质学会秘书长等对地质专业能力要求极强的职务。他的业务能力无论在部领导以及地质专家中都有极好的口碑，被大家称为“地质部少有的、懂专业的党政干部”。

在20世纪五六十年代的大庆石油会战中，父亲作为地质部石油局局长，与其他同事们一起，在松辽油田勘探找油的工作中做出了重要贡献。

1958年石油、地质两部在松辽盆地携手大规模的勘探，硕果累累。地质部首先发现了大同镇（大庆的原名）等十七个可能储油构造，为1959年9月26日大庆油田第一口油井出油奠定了基础。

因为大同镇与山西大同市同名，时任黑龙江省委第一书记的欧阳钦提议将大同改为大庆，以纪念国庆十周年前出油的大喜日子。从此，大庆油田扬名世界。

1959年春节期间，地质部、石油部的主要领导在地质部副部长、党组书记何长工家中研究部属松辽会战（即大庆油田开发的勘探时期）的合作事宜。我父亲参加了这次会议。

据因在大庆油田勘探中有突出贡献而被授予国家最高自然

科学奖的张文昭回忆说：由地质部何长工副部长、旷伏兆副部长、孟继声局长，石油部余秋里部长、康世恩副部长、沈晨副司长及张文昭七人参加的这次会议，是松辽会战中最重要的会议之一。

父亲没有对我们说过那一段工作的细节。但从1958年起，因为他经常出差到大庆油田，所以把我们几个孩子都陆续转到地质部子弟小学住校。

每当会战期间的钻探取得进展，父亲都要向地质部部长李四光当面汇报。有一年除夕，他到青岛向李部长汇报工作，软卧车厢里只有他一个人，餐车专门为他下了饺子。

父亲对地质专业很有研究，写过一系列地质论文，在地质界很有声望。20世纪80年代，中法联合组建西藏地质考察队时，年过六旬的他本不应参加这次在高原地区的野外考察活动，但接触过他的法国科学家却点名要他参加。于是，父亲领导并参与了为期两年的中法西藏联合考察，对北起申扎—那曲，南至聂拉木—亚东广大地区进行了大量的地层和古生物研究工作。

父亲的业务能力好，与他精力充沛、有钻研精神和记忆力超强有关。20世纪60年代他先后应我姐姐、哥哥所在的地质附中和北京男三中邀请给全校师生作报告，至今当年的听众还对他不用讲稿，生动通俗的演讲赞不绝口。

每年春节，他都会用记在脑子中带小数点的各种数据，给我们讲头一年的经济形势。我爱人多次对我说：你们几个孩子加起来也不如老爷子脑子好使。

父亲1993年去世时，地质部拟定的悼词中说：孟继声同志是“最早转入地质战线的党政干部”，“很快使自己外行变内行”，成为“地质行家”，“在担任石油局长期间，他参加并领导了地质系统的东北、华北石油大会战，为我国甩掉贫油

图2 1959年，地质部领导及苏联专家合影。地质部部长李四光（左二）、副部长何长工（右二）、副部长许杰（左一）、副部长旷伏兆（二排右一）、副部长宋应（二排右二）、办公厅主任张同钰（二排左一）、父亲孟继声（三排左四）。

的帽子做出了重要贡献。”

这是对他中肯客观的评价。

既是慈父又是严父

在我们孩子的心中，父亲既是慈父也是严父。

他诙谐、风趣、幽默，只要有时间星期天一定与家人围在一起包饺子，边包边讲各种笑话，诸如他第一次见到香蕉，竟然连皮一起吃，等等。

使我至今不能忘怀的是1993年，他过世前两个月，已经确诊癌症，我当时因骨折在家养伤，他偷偷从医院溜出来坐公共汽车跑回家看我。

在他临终前的晚上，我抱着他的头，弥留之际他平静地说了人生最后一句话：小岳(我的儿子)明天还上学,早点回去吧……

父亲在关爱我们的同时，对我们要求也很细很严。像杏子上火不能多吃、碗里的饭要吃干净等，是他当年要求子女的、至今我们还保持的习惯。

虽然父亲对我们很少发火，但他是个很有脾气的人，他会克制自己不当众发出来。小时候我在他办公室墙上见到过“止怒”的警语。

我们都知道，每当生气的时候，他都是用咬牙来克制自己。一旦他咬牙，我们便都不再吱声。记得1966年底社会上动乱不已，他听说我们去北京展览馆参加了“联动”的集会，就告诫我们不要参与这些事情。开始我们还想辩驳几句，但看到他开始咬牙，谁也不说话了，后来也就不敢再去了。

“文革”中，父亲也难免受到冲击。面对党内和社会上层出不穷的不正常现象，他心中自有一杆秤。他在雄县兼任县委书记时培养过一位全国劳动模范杨凤鸣，为“文革”中遭诬陷的事杨叔叔有一年多时间住在我家中，直到获得平反。父亲冒着风险保护了他。

1974年春节期间，他去参加中央国家机关的所谓“批林批孔动员大会”，回家后情绪很不好。他压低声音对我们小声说：这次运动像是冲着周总理来的，会上总理说国务院机关动作慢了，做了自我批评。但江青却趾高气扬，批这个批那个。

1976年10月初，我参军后从来没有给我打过电话的父亲却打电话叫我当晚回趟家。我不知出了什么事，急匆匆从香山赶回家去。原来是他从王震的秘书那里得知了“四人帮”被抓捕的消息（当时还没有正式公布），非常兴奋，急于想与家人

图3 20世纪80年代，父亲领导中法西藏联合考察，在高原野外的工作照。

分享喜讯。当晚我们聊得很晚，以致我没能赶上颐和园到香山的333路末班车，只好半夜步行走回部队。

改革开放以后，父亲因在地质学会任职，有多次出国机会。他目睹了当时发达国家的状况，经常对我们说，我们与资本主义国家在经济上差距太大了，不改革开放不行啊！

父亲很少对我们讲大道理，而是用他自己的为人处世给我们树立榜样。

父亲是地质专业部门党政领导出身的干部，但他与机关干部、知识分子关系十分融洽。上到李四光，下到刚毕业的大学生，都能与他和谐相处。

"文革"中地质部掌权的一派安排了一位年轻工程师一家人到我们本已拥挤的家中同住，其间的尴尬和不便是可以想象的，但父亲以宽容大度的心态和他们相处。多少年以后，早已搬走的那位工程师仍与我们保持家人一样的亲密往来。

父亲对他工作、战斗过的家乡有着特殊的情感。小时候他带我们回过一次老家，专程去看望一位双枪抗日老英雄，讲述哪里是日本炮楼，哪里是封锁线。

离休后父亲大部分精力用在为家乡做事上，北京家中几乎成了完县联络处，县里来人、老战友聚会都来我家。父亲通过地质水文部门为家乡无水的山区打井解决了吃水困难，还专程找曾在完县战斗过的聂荣臻元帅，为顺平县争取国家救济。直到 2018 年，顺平终于摘掉贫困县的帽子。

数十年来，父亲身上那种锲而不舍、诚恳认真、与人为善的品德，一直是我们效仿的楷模。

1993 年 5 月，父亲孟继声因病去世，享年七十三岁。一年后母亲也因病离开了我们。根据家乡政府及母亲的遗愿，家人将他的骨灰从八宝山迁往顺平烈士陵园，与母亲骨灰安放到一起。每年春节我们全家都去给二老扫墓。

我弟弟建平曾在自己生日时赋诗表达对父母的思念，特转录在此作为本文的结尾：

永遇乐·儿生日念父母

父辈当年，金瓯尽碎、铁蹄踏处。
燕赵人杰，从来慷慨，弃笔驱狼虎。
敌后英豪，青纱健影，烽火太行烟树。
江山易，心血抛洒、油龙万里腾舞。
蒙尘华夏，浩劫十载，肝胆一腔谁诉？
犹记凄凉，铁窗残月，风雪游街路。
林泉常叹、赤子未老，于今儿也垂暮！
问今夕：陵园松下，双亲知否？

（照片由大哥孟建国提供）

神气的表哥

陈开明

2015年，表哥明清在城郊盖了一幢三层的别墅。乔迁新居后，他回到搬空了的老屋，忽然发现地上躺着一个信封，里面有一叠1983年和妻子举行婚礼时的照片。由于保管不善，已经受潮，照片大都模糊不清，只有一张比较完整。表哥仔细端详着三十多年前风华正茂的自己，眼眶不禁泛起泪花……

1968年，姑姑一家六口人响应政府“上山下乡”的号召，从江西兴国县城下放到偏僻的茶园公社安营扎寨，支援农业生产，度过了十一年艰苦的岁月。1979年春，姑姑全家人按照国家政策返回县城，租住在三间低矮潮湿的平房里。姑父曾是个铁皮匠，便重操旧业，在街边搭个棚子，制作、出售、修理铁壶和铁桶等白铁制品，以养家糊口。表哥那年只有十九岁，是家中的长子，为了照顾三个未成年的弟弟妹妹，减轻父母的负担，毅然从高中辍学，外出搞副业。当时正值党的十一届三中全会召开不久，国家开始拨乱反正，以经济建设为中心，表哥连续七天待在茶园公社茂密的大山里，砍下一堆又粗又圆的杉木，每根需交给公社两角钱的育林费。第八天早上，他肩扛一根百余斤重的木头，翻越崎岖不平的三十多里山路，直到黄昏

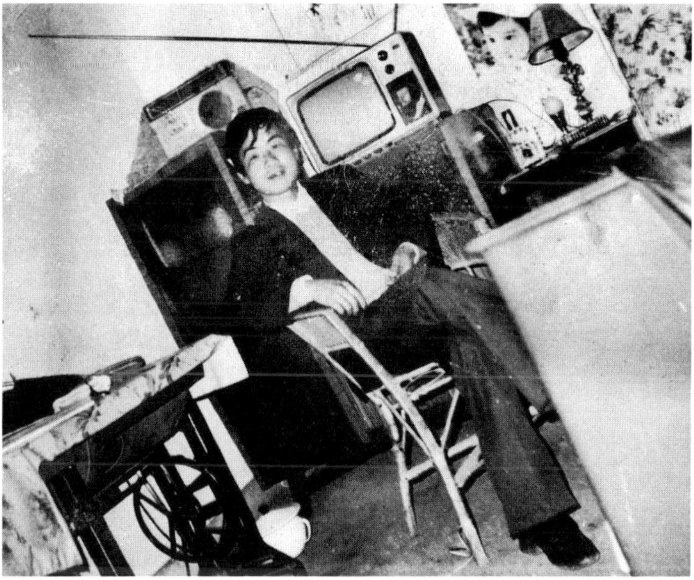

新婚当日的表哥

才到达县城，以一根七元左右的价格卖给了建筑公司或木器厂。有一次，都半夜三更了表哥还没有回家，家人焦急万分，姑姑站在家门口不停地眺望。直到天蒙蒙亮了，才终于看到他一瘸一拐、疲惫不堪的身影。原来，表哥为了多挣钱，采用了“交替运输法”，即一天贩运两根木头，从出发点扛起一号木头，走一公里放下，返回原地，又扛起二号木头走至一号木头存放处，扔下，继续扛起一号木头走一公里，如此交替往复。虽然能够多挣一倍的钱，但也耗费了更多的时间和体力。在深山密林里砍伐、贩卖木头，表哥吃尽了苦头。路上曾碰见山体滑坡、毒蛇猛兽，几次化险为夷。渴了喝一口山泉水，饿了啃自带的红薯干，累了就在破茶亭里躺一躺。

从1979年到1982年，短短三年时间，表哥挣到了四千多元钱，这在当时是一笔不少的收入。那时候，我母亲在商业部门工作，月工资才四十多元。表哥除了负责弟弟妹妹念书的学费，还斥资千元于1982年8月在城里买了一幢半新的二层砖瓦房，一家人过上了舒心的日子。

勤奋而英俊的表哥吸引了姑娘们的青睐。表哥和城西街做裁缝的王姑娘一见钟情，很快陷入热恋之中。筹办婚事时，表哥毫不犹豫置办了一套高档的捷克式家具：高低床、床头柜、木沙发、大衣柜、小衣柜和食品柜等。还有一车（一辆自行车）、二表（两块手表）、三机（电视机、收录机和缝纫机）。就说说这“三机”吧。杭州产的十四英寸“西湖”牌黑白电视机，价格四百多元，当年可是稀罕物，方圆几公里只有这一台，是我母亲好不容易托关系购买的。电视机刚买回来时，亲朋好友纷纷前来观看，一到晚上，四五十人挤满了表哥家的厅堂。收录机则是日本产的“三洋”牌，一位老华侨从国外捎回来的，表哥死缠硬磨，好说歹说，才从华侨的亲戚手里买到，花了二百八十元。而上海产的“蝴蝶牌”缝纫机，是表嫂的最爱，当年县里已经脱销了，恰好我家有一台。母亲1980年花一百七十元买的，当时还七八成新呢，她忍痛割爱，干脆当作贺礼送给了表哥。今天一提起这件事，表哥仍然对舅母感激不尽。

1983年元旦，鞭炮齐鸣，唢呐喧天，表哥和表嫂举行了隆重的婚礼。表哥的朋友带来一台照相机，拍摄了不少喜庆的场面，可惜大多没有保存好，二十多张照片现在只剩下这一张。表哥斜坐在婚房的藤椅上，跷起二郎腿，耳朵上夹着一根“白沙”牌香烟，穿的是当时流行的西装、喇叭裤和皮鞋。这身服装还是表嫂加夜班赶制出来的呢，难怪这么合身。身后就是让我无比自豪的“三机”。瞧！表哥神气的样子，根本不像干力气活的人，倒像个意气风发、才华横溢的书生！

光阴荏苒。如今表哥已是两鬓斑白，一双儿女也成家立业了，但他仍旧在做着木材生意，不过早已不用自己上山砍树了。1986 年，随着经济实力的不断增强，表哥开始雇佣当地的山民伐木，并买了一辆二手农用车专门运输木材。1990 年，他在县城开办了木材经销部，长期收购、加工和销售新旧木头。2013 年，又投资五十万元在山里租下了八百亩土地，用来种植速生丰产林。面对这张遗忘多年、搬家时偶然发现的泛黄的老照片，表哥无限感慨地说：“多亏了国家改革开放的政策，才有今天的幸福生活。我要好好珍藏它，永远记住这段刻骨铭心的历史！”

一张珍贵的全家福

王超和

我们一家到东莞工作、生活足足有二十四年了，想不到前年遇到了一件很有趣又十分有意义的事情。

那是 2017 年 3 月 30 日，我到东莞黄江镇上的邮局办事，柜台上另一侧的女服务员突然拿出一张汇款单问我："阿叔，你是住凤鸣路的吗？"我答应："是的。"她好像认识我似的，接着说："你有一张《羊城晚报》的汇款单。"我接过来一看，是《羊城晚报》近日汇给我的 60 元稿费，上面注明"羊城报 2017.02.06（B03），图 39524，珍贵的全家福"。这时才让我想起来一件事：那年一月中旬，我看到《羊城晚报》的老照片征集令——"一张珍贵的全家福"。当天，我就翻开了家里的老照片：一张五十年前在海南崖县（现三亚市）南滨农场红峰队照的第一张全家福。立即把这张全家福照片翻拍放大，然后按照网址发出邮件，几次邮件都被退回来。无奈之下，我第二天把相片和说明书封好，到邮局以传统的方式把这张全家福寄去《羊城晚报》编辑部。过了一段时间，报社没有回音，我也把这件事忘了。恰巧，我家中原订的《羊城晚报》也在这时中断了。

珍贵的全家福

外出一个多月，在外地也时常买《羊城晚报》翻翻，都没有看到照片被刊登，记忆正在慢慢淡去……30日那天，知道我家全家福照片刊上《羊城晚报》副刊后，即查找那天的报纸。遗憾的是单位的报纸早已回收归笼，不知去向。我只好当晚在网上搜索，几经查找才在该报网上2月6日老照片专版上，看到我所寄的我家第一张全家福，非常高兴。也许这是对我外婆、父母及家人的最好的回报。后来，通过朋友找到两份当日的《羊城晚报》细细观看，心情真的是五味杂陈、感慨万分……

“全家福”上有我外婆黄子秀和父母王德庆、梁秀裕，以及我们五兄妹。我当时只有十二岁，小妹不到一岁。外婆从1956年起与我们共同生活，在南滨的南雅、红峰队，含辛茹苦带大了我们五兄妹，可她在1977年生活即将好转的时候就离开了我们。她到海南的二十多年里都没有回过信宜老家，这对她是件十分遗憾的事，也是十分无奈的事。我听过堂舅家才讲过：“她很早就丧偶，但人很大胆，夜里经常一个人到几公里山背后的田里插秧、放水、除草。”可是，我觉得这也是无奈和没办法的事，一个家没有顶梁柱，小孩又小，她不去谁去？外婆是我们这个家第一个过世的人，我十分难过和茫然。因此，我每次回到农场，我都去看看外婆的墓，我还为她竖起了一块像样的墓碑。

父母原在海南最南端的国营农场工作，一生辛勤为国家的橡胶事业做贡献。在我的记忆中，他们常常工作回来都是一身汗或一身雨的，皮肤晒得古铜色，从来没有退缩，也没有怨言。退休后与我们一块迁到东莞，住了十几年。他俩相继在2003年和2011年去世。在东莞他俩算是享了一点清福。他们兢兢业业、吃苦耐劳的精神永远激励着我们五兄妹。我在《乡愁》里写过一幕：冬天里，母亲把蜡烛烧热后，用火柴杆挑着熔开的蜡，填补脚板裂开的缝，为的是第二天能去挑水淋橡胶苗圃。父亲时常利用休息时间上山砍树木，备料盖房子（农场前期都是住草房）和做家具。他们任劳任怨、含辛茹苦，为的都是这个家。前几年我把父亲做的格木（红木）柜子拉到了东莞黄江家里，还撰写了《广州知青为我家做家具》的文章，纪念我父亲在广州知青刘广栋、何建明的协助下做家具的故事。现在我们五兄妹都已成家立业，有公务员、有教师，都有自己的事业，有自己的子孙，也慢慢变老了。此时此刻，更加怀念亲人，怀念父母，心情越加惆怅……

人生在世几十年，无非为生活、为生存奔波，有艰辛，有快乐，我更觉要有记忆，才是丰富的人生。我们这两、三代人遇上和平年代，尤其是享受着改革开放后的经济高速发展带来的生活的改善，感到十分的幸运和满足。当然，也十分感谢那个为我们照全家福的摄影师。记得他姓康，是三亚市港门村人，标致、帅气，那时他只有三十岁的光景。他每到星期天都骑自行车到农村生产队和南滨农场的各个生产队为群众照相，收入微薄。我长大成人后进入南滨农场照相馆工作，时而还见到这位老前辈，他的为人，他的敬业，永远激励着我。不然在偏僻的海南岛南部的山中，不会有人挂着120相机到处去跑，翻山越岭，下生产队、连队为农场职工照相留影。另外，更应当感谢我的父母。他们从粤西山区千里迢迢到海南农垦工作，本身就有先见之明，为我们后辈的生活和成长打下了基础，为了国家的热带橡胶事业和我们一家的生活付出了一生的辛劳。

父亲给我们起名

周世青

时光荏苒，再过两天就是3月7日了。这是父亲的忌日。每年到了这个日子，总会想起父亲对我们兄妹关爱、培养的往事。今年是父亲冥诞九十五周年，也是老人家去世十五周年，这种情思尤为浓烈。

父亲从小家境贫寒，勉强从师范毕业成为一名中学教师。老人家在世时，我并没有太多的感觉，待他去世以后，回顾老人家培养我们的点点滴滴，他的不少想法真是很有深意，不少做法也颇具匠心。

就说说父亲给我们兄妹起名的事吧。我们老周家的名字从父辈往上溯源，是严格地按照家谱起的，一代代地延续着。爷爷叫周锡铭，锡字辈；父亲松字辈，他和两个哥哥名字分别为松富、松贵、松寿。到了我们这一代，大伯、二伯家的堂哥、堂姐们起名时就一改旧规，不再以某个字排行了。这样，就为父亲给我们起名增加了空间。

我有两个弟弟、一个妹妹，同胞兄妹共四人。我是1953年9月生的，父亲给我起名“世青”。我问父亲名字的来历，他说：我出生时，正值当时的社会主义阵营在罗马尼亚首都布

父亲周松寿

妈妈高彭庆

加勒斯特举行第四届世界青年联欢节，于是就给我起名“世青”。以反对侵略和战争、倡导和平和友谊为主题的世界青年联欢节诞生于1947年，上世纪60年代以前每两年举办一届。当年的父亲是新中国的青年团员，以纪念世界青年联欢节给他的大儿子冠名，既是父亲起名的顺理成章、信手拈来，更体现了父亲那个年代的世界眼光。最近，我在整理旧照时偶然发现，在我九个月时的一张照片背面有父亲的笔迹：“祖国在壮大着，世青在成长着。”饱含深情的话语，道出了个人和祖国的息息相关，父亲的家国情怀、爱子心切于此也可见一斑。蓦然间，我的眼睛湿润了。

在我人生的不同阶段，时常有人误以为周世青的青是带三点水的清，大概是因为在人名中用“清”字的比较多吧。还有人说用三点水的清，一世清白多好。而我总是不厌其烦地解释，

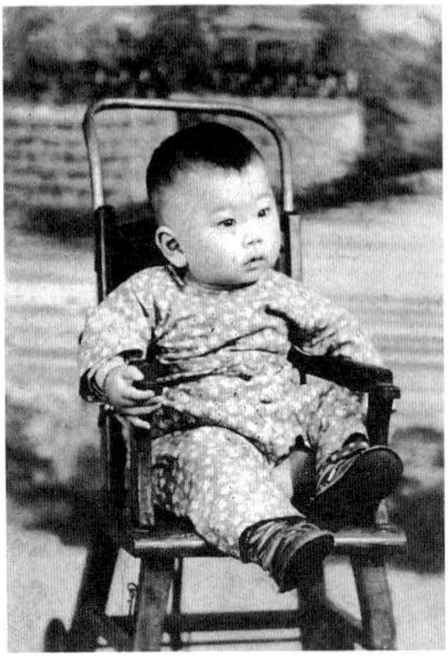
我九个月时

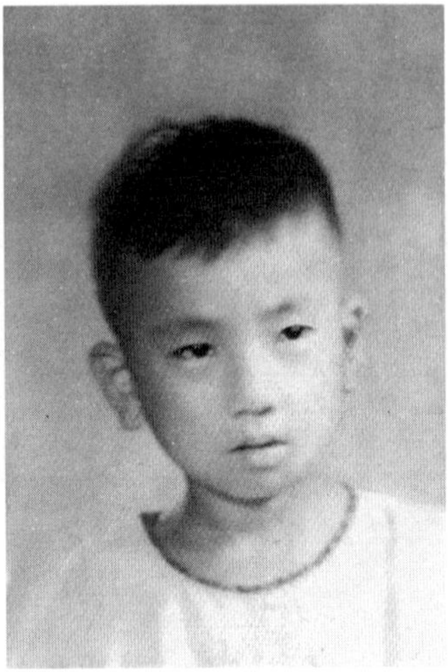
小弟世东小时候

“世青”乃世界青年联欢节的缩写，是为了纪念那个和平欢乐的节日。每当在某个场合或者某个文本上出现本人名字的时候，我总是担心“青”字是否又多了三点水。这不，在北师大读书时，好不容易求得启功先生一幅墨宝，老人家挺客气，可还是令人遗憾地在落款时把我名字中的青多加了三点水。

大弟世平生于1955年10月，父亲在给他起名时，仍然延续着在世界格局中寻求名字元素的思路。大弟出生的半年前，亚非国家在印尼召开万隆会议，通过了《关于促进世界和平和合作的宣言》。促进世界和平是当时我国处理国际事务的总基调，更是全球人民的美好向往。世界和平简称“世平”，大弟弟的名字应运而生了。老大世青、老二世平，从此形成了以“世”字排行的默契。世平弟小时候并不懂他名字的含义，还时不时地抱怨父亲给他起了个女娃的名字。长大后他愈发觉得这名字好，不仅意义深远，而且叫起来响亮、昂扬。

时间转眼来到1958年的早春，小弟即将出生，父亲又在考虑起名的事。当时在东西方阵营的博弈中，毛泽东振聋发聩的一句“东风压倒西风”的论断，让此时的父亲怦然心动，于是他便欣喜地选定了“世东”的名字，迎接第三个孩子的降临，尽管此时他并不知道这个孩子是男是女。“东”字很吉祥，日出东方，紫气东来。二十年后改革开放大潮兴起，人们常用“东方风来满眼春”来形容。“东”字永不过时，因为从东方升起的太阳每天都是新的。

20世纪50年代的年轻人，大概是受了苏联“英雄妈妈”的影响，各家的孩子至少三个以上。小弟世东四岁时，也就是1962年，父母的第四个孩子出生了。前面已有三个男孩，这回

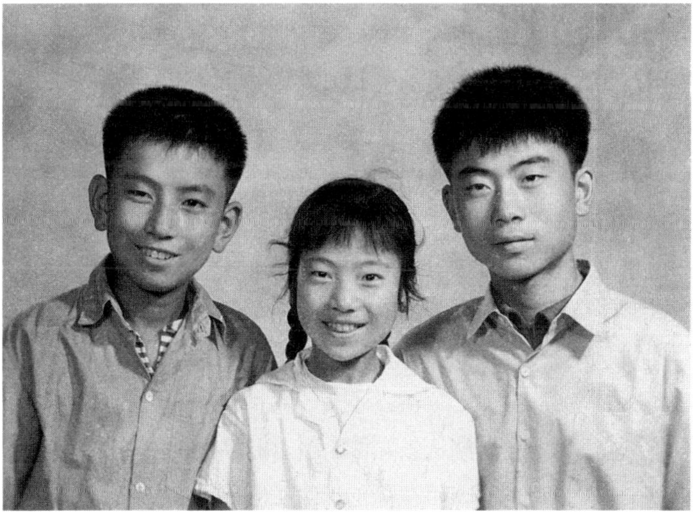

大弟世平（右）、小弟世东和妹妹世娓

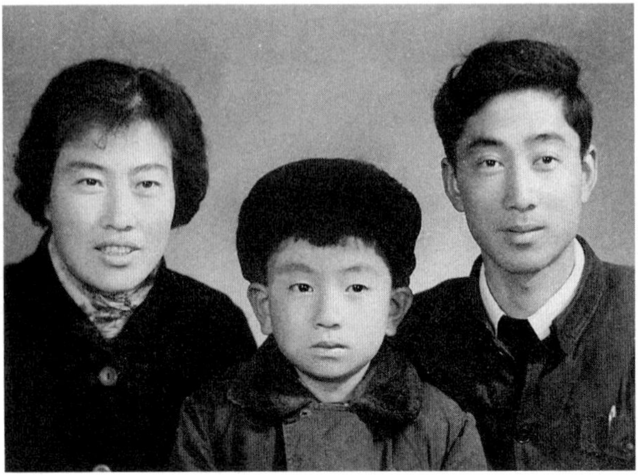

妈妈、小舅和小弟世东

总算盼来个女孩，他们也不打算再生了。父亲在给妹妹起名时，思绪从全球形势、世界风云回到家长里短、儿女情长。我妈妈姓高。父亲说，周高结缘一生一世，就叫“周世高”吧。于是，父母就以这个名字给妹妹报了户口。可是没过几天，父亲仔细想想不行，很多意思没表达，比如是个女孩，又是最后一个孩子，等等。此时暑假来临，刚刚在浙江美术学院（即现在的中国美院）毕业留校任教的小舅回到家中。因为外公外婆去世早，小舅从读初中开始一直和我爸妈生活在一起。他是我们家的重要成员。论年龄父亲比小舅大了十多岁，可他们情同手足，在一起亲密无间，无话不谈。依据父亲的想法，小舅反复用手在桌子上比划，女孩子，又是最小的（尾巴），这不是“娓”吗？娓娓道来、娓娓动听，“娓”有勤勉、顺从、美丽之意，用其形，闻其声，取其意。舅舅一字中的，父亲和在一旁的母亲连声叫好，妹妹世娓的名字就这样诞生了。时至今日，妹妹对她的名字仍十分得意。

考上大学的兄妹四人和表弟（后排左一）与爸妈合影。摄于 1978 年冬。

人来到世上，父母或其他长辈都会给其起个名字，太平常不过了。然而，我们的父亲却如此着意、精心，一方面在孩子的名字上体现了他的文化、修养和胸襟，更多地则是寄托了父辈对孩子的希冀和期待。好名字值得永远铭记，父亲给我们兄妹起的名字看似平易至简，实为寓意深长；看似云淡风轻，正是大味必淡。

古语说，名者，命也。我们兄妹还算幸运，经历了全家下放苏北的八年艰辛之后，1978 年都考上了心仪的院校。我的父母亲都是老师，我们子承父业，兄妹连同配偶八人中有六人分别在中学、大学和部队院校从教。如今，我们都已退休，进入含饴弄孙的人生阶段，在晚辈的成长道路上虽然也很尽力，可父母亲当年培养我们的那种举重若轻、事半功倍的用心，却是我们难以企及的。

私人相簿

一位贫穷母亲的选择

亦 金

2001 年夏，我们村里六十多岁的王世芳老人，带着在济南空军当兵的小儿子来到我家。我以为她是直接从村里来的，但她却告诉我是从关东过来的。时间久了，交流得多了，我才知晓了她那些不寻常的经历，对她肃然起敬。在她的手上，竟然像变魔术一样，改变了一家人的命运，真是一个果敢的了不起的女性。

她十九岁时嫁到我们村里。那时正值“三年困难时期”，自己娘家就比较穷，陪送的嫁妆只有一床棉被、两个布枕头、两个白柳条编的针线筐子，还有算不上嫁妆的一布袋子用地瓜干面做成的蒸熟的饼子。而她的婆家，比她家里还穷，兄弟姐妹六个，再加上三个老人，都挤住在一间半小破草屋里，少吃缺穿的。有不少人替她担忧，对她泼冷水说：“你一个漂漂亮亮的大姑娘家，怎么找这么个穷得叮当响的一家子，到底图的啥呢？”她笑笑说：“俺打听好了，别的不图，就图找的男人出身好，身板壮，心眼正。”她坚信一条：好日子不是熬出来的，那是过出来的。

1975 年的时候，她已经三十五岁，在村里度过了十六个年头，生养了四个儿子和一个女儿，最大的十四岁，最小的才四岁。虽说自己的男人还是生产小队队长，领着社员没黑没白地辛苦劳作，但乡亲们的日子依然没有多大变化，过得比较艰难。她眼瞅着五个孩子一天天大起来，穷得手里连个称盐打油的零花钱都没有，孩子连学都上不起，饭都吃不饱，要是到了孩子成家的时候，上哪弄四套房子去，像小家雀一样，如果连个做巢的屋山头都没有，还不都得打光棍儿。她和丈夫越想越后怕，忧愁得睡不着觉，觉得不能再这样等下去，熬下去，便酝酿着另谋生路，要闯关东去。

她先找人写信给早已在关东多年的弟弟，弟弟回信说："东北土地多，树林子大，只要肯卖力气，饿不着。"她心里还是不踏实，又让孩子他爹先去踩个实底儿。丈夫去了，不久来信说："千万别来，冰天雪地的，冻也冻死了，就是饿死也不能朝这里奔。"她有自己的主意，觉得丈夫犹犹豫豫的，前怕狼后怕虎的，干不成什么大事。她决定带着孩子到关东去。她变卖了家里的三间房子，还有猪圈、磨盘、铁锅、鏊子……该卖的能卖的都卖了，开弓没有回头箭，断了再回来的余地。她手里攥着变卖家产得来的二百六十元钱，那是攥着半辈子的积蓄，攥着整个家当，也是攥着所有的希望，义无反顾地启程了。她怕路途遥远，五个孩子在路上走丢了，就到供销社里扯上了两角钱的头绳儿，按年龄排序把孩子手腕儿拴起来，一个一个连成串。她和孩子坐地板车，坐汽车，坐大火车，坐小火车，奔向心中希望的地方。在兖州和哈尔滨坐火车，她只买了一张火车票，把一串孩子藏在座位底下，过一阵子，放心不下，就用手摸一遍脑袋，清点一下是否够数。就这样，啃着地瓜干煎饼，用了漫长的四天三夜，历尽艰辛，到达了黑龙江省尚志县虎峰

王世芳和丈夫与大儿媳、小儿子合影。摄于 1984 年。

林场。但下了小火车，距离丈夫暂住的地方还有三四里路，需要步行前往。这时偏偏又下起了鹅毛大雪，在天地一片白茫茫中，一个弱小的女子牵引着一串孩子前行，呼唤着，跋涉着，搀扶着，一个一个全都滚成了雪人儿。

她的选择没有错，这正是她睿智的地方。虎峰林场是一个大屯子，不光有林场，还有运送木材的小火车站，有农业社，是一个创业的好地方。他们全家成了农业社的新社员。这里“土地多，林子大”，比起我们村人均耕地不足一亩来说，创造财富的舞台大多了。特别又遇上了改革的春风，他们如鱼得水，有了用武之地。她家除了分得的十亩责任田，自己又开垦出荒地二十多亩，几十亩地所种蔬菜、粮食，大多拿出去卖钱。在家中养马、养骡、养奶牛、养猪、养鸡、养鸭——像一个小型饲养场。在我们村里时，她就是出色的接生员，而在这个地方成了稀缺人才，经她接生的孩子就有三四百个，在人生地不熟的地方有了极好的人缘。为了创造更多财富，全家各尽其力。她白天炒瓜子卖，晚上给施工队加工煎饼。丈夫大年初一也不闲着，带着一帮伙计去小火车站装运木材，能挣平日里双倍的钱。孩子们放了学，就到森林里挖刺五加，卖给药材公司，有时一天能挣一百多元钱。孩子们还去森林里割架条，一天割八千多根，割多了农业社里有现金奖励。在最寒冷的日子里，别人家的大人孩子都守着屋里的火炕，而她两个大点的儿子却依然上山林里割架条。到了该回来的时间，孩子还没有回来，她知道出事了，跑到山林里一看，两个儿子已冻僵了，站在那里一动不动，成雕塑了，要不是抢救及时，都没命了。

有了巨大的付出，才有丰硕的收获，在短短七八年时间里，她家兴旺发达起来，被县里表彰为“勤劳致富”之家、“五好家庭”。她也扬名了，农业社里敲锣打鼓地送来了“好妈妈”的木质大匾额。找儿媳妇也不难了，一天之内就娶了两个大学生儿媳妇，就连林场书记的妹妹也愿意到她家当媳妇。农业社与县里的领导，还有一些记者，都对这个从山东来了没几年的致富农户投射出惊奇的目光，纷纷前来刨根问底。她的回答只有两句话:“俺过日子有一个目标,就是朝着目标加油地奔。”“全家拧成一股绳儿，一个汗珠子摔八瓣地干。”这就是她概括的自己创业兴家的真经。

别看她大字不识一个，却不乏见识。她不仅有致富兴家的方法，还有教育兴家的睿智，传统的忠孝观念渗透到她的骨子里。她要求孩子谁也不能偏离了忠孝这个大杠杠。她在大门口立着一根木棍，如果哪个上学学瞎了、走偏了、犯错了，二话不说，照着屁股就是三木棍儿，孩子们也争气，个个规规矩矩，努力向上。二儿子家的小子从澳大利亚的一所名校博士毕业后，还想继续在国外求学深造。她对小孙子说，国家培养你，说明国家需要你，应当尽快回来为国家尽忠出力。小孙子听了奶奶的话,及时回国,成了上海一所大学的副教授。她告诉孩子:“能去当兵的,就去当兵,能上大学的,就去上大学,就是抛家舍业,砸锅卖铁,也不能向后出溜。”她三个儿子先后当了解放军战士。子孙中出了九个大学生，有的读到了博士。出了八个国家机关干部，出了五个教师，还有大学教授。

一个人的一生，大大小小的选择少不了，但只有踏在正点儿上，才会有光明的未来。

这张老照片拍摄于1984年，王世芳当时还不过五十岁。在一个星期天，她和丈夫带着大儿媳妇和小儿子到镇上，给大儿媳妇家买了一台当时在村子里还比较稀罕的十四英寸熊猫牌黑白电视机，也为自己和丈夫各买了一块上海牌手表。拍照时故意把戴有手表的袖子卷起来。他们高兴地拍下了这张照片，寄给了还在部队的大儿子，并且写信叮嘱儿子，不要挂念家里，家里生活越来越好，一定要在部队好好工作，为家争光。

名师荟萃：一张厦门大学老照片

钟安平

在我母亲何吉利的老相册里，保存着一张外公何励生在厦门大学的老照片。照片上的人我原来大都认不出来，最近我对这张照片进行研究，发现上面的人物竟然大都是当时的名师高士，值得分享给大家。

照片下部写着“重庆弥月纪念廿三年十二月十九日”。“重庆”是我二姨何大智的小名，廿三年就是民国廿三年即1934年，十二月十九日是大智出生四十天，“弥月”即“满月”之谓。照片背景是厦门南普陀大悲殿，是外公在厦门南普陀香积厨为次女大智做满月酒，宴请厦大同事，宴后在香积厨旁边的大悲殿合影。

外公何励生是诗人、作家、书法家、金石家，浙江瑞安人，1899年1月9日（农历戊戌年十一月二十八日）生于瑞安。后以瑞安中学毕业第一名，就读之江大学（今浙大）文科，曾任上海南洋高级商业学校学监和国文教员、国技学会出版部主任、时事新报编辑。1928年夏，厦大向全国延揽一批高级人才时，他经瑞安同乡、厦大国文系主任李笠教授介绍，到厦大任编译处编译员，独自主编《厦大周刊》，1930年任厦大秘书襄理，

1933年起兼任厦大周刊委员会主席，干秘书工作一直到1958年退休，先后服务过四任校长。他与外婆叶月瑚1929年结婚，头两胎生了我母亲何吉利和大舅何大仁，大智是他们第三个孩子。照片上外公站在第二排左二，着灰色长袍，戴黑框眼镜，外婆站在第一排左一，身穿旗袍，前面站着四岁半的我母亲和两岁的大舅。大智才出生四十天，放在家里由湖南籍小保姆带着没抱出来。

南普陀临近厦大，20世纪二三十年代就有素菜供应，厦大师生常往就餐。因为当时厦大所处位置比较偏僻，周边都是农田或乡村，师生若要去厦门市区消费，走蜂巢山上的小路不方便，一般是沿着海边走路到沙坡尾，再乘小舢板去市区码头上岸，而到南普陀用餐最为方便。鲁迅先生在厦大任教期间，常与朋友到南普陀用餐。据他的日记，1926年11月13日“夜同丁山、伏园往南普陀寺观傀儡戏，食面”，1927年1月12日“晚丁山邀往南普陀夜餐，同坐共八人”。所以外公为次女做满月宴请同事，选在厦大附近的南普陀是很自然的。

厦大1921年由著名华侨领袖陈嘉庚兴办，当时是私立大学。陈嘉庚先生认为教育是立国之本，倾家兴学，将他在海外发展实业赚到的钱都用来创办厦门大学和集美学校，在厦门选择南普陀附近郑成功练过兵的演武操场建设厦大校舍。头两年建设了映雪、集美、同安、群贤、囊萤五座楼，第五年又建成理化楼和生物楼。厦大创办初期规模较小，只设文、理、商、法、教育五科，每年招收本科生不到一百人，1930年改为五个学院，每年招收本科生两百多人。由于受私立经费限制，没有政府稳定的资金支持，教师和职员十分精干，教学质量和管理效率较高。校主陈嘉庚和校长林文庆非常重视教学质量，不惜重金延聘名师，所以厦大各学科领军人物均为当时国内一流人才，大都三四十岁，年富力强，具有美英留学背景，有些是从北大、清华等公立大学聘来的。仅 1928 年夏天，厦大就聘来二十多位高级教学人才，例如杨武之（当时名杨克纯）教授一家就是当时来厦大的，其子杨振宁在厦大附属的模范小学就读一年多。外公也是与这一批教授一起到厦大工作的。因此当时国内私立大学之中，办学质量最高的是南方的厦门大学与北方的南开大学，培养了许多人才，享誉全国。当时厦大先建设博学楼、兼爱楼两座教职员宿舍，后又专门在东面白城山上建筑了七座两层楼条件较好的教师宿舍，给这些带家眷的教授居住。当时外公外婆一家也住在那里，与他们既为同事，又是邻居，来往密切，夫人孩子之间也经常来往，家庭之间友情深厚。外公诗书功底深厚，这些教授不论教授何专业也都有一定诗文功底，外公与他们以诗为友，经常以诗同乐。借次女弥月之机，外公外婆宴请他们同喜同贺，彼时高朋满座，机遇难得，便请人摄影留念，留下珍贵的瞬间。

外公几十年后辨认这张照片，写了一张不完全的名单，附在照片旁边。从照片左边算起，前排第三、四人是理学院院长兼数学系主任张希陆教授和夫人张淑贞，第五人是林文庆校长，第六、七人是教育心理学系主任杜佐周教授和夫人周德芳，第八人是陈子英夫人张涵初；二排第一人（着黑西装）是商法学院（1934 年商学院与法学院合并）院长陈德恒教授，第三人是教育学院院长孙贵定教授，第四人是法律学系主任傅文楷教授，第五人是历史社会学系主任徐声金教授，第六人（前排杜佐周身后）是法律学系张庆祯教授；右上方长袍戴墨镜者为中国文学系缪篆教授，其左手边是生物学系陈子英教授，陈的左手边是教育学系李相勖教授；后排若以袖手白衣者为第一，第二人是银行学系冯定璋教授，第三人是中国文学系主任余謇教授，第四人是高教研究所钟鲁斋教授。

林文庆校长亲自前来赴宴，因为他与外公私交很好。他祖籍福建海澄，居新加坡，曾任孙中山大总统的秘书兼医官，1921 年被陈嘉庚先生聘为厦大第二任校长，一直当到 1937 年改为国立为止，为厦大的初期发展做出很大贡献。其发妻为南洋闽籍华侨领袖黄乃裳的女儿黄瑞琼，可惜婚后十年英年早逝。林校长是一位精通英语的儒学大家，十分热心研究中国古文化，曾经将屈原的《离骚》全文翻译成英文出版，还收藏大量名人字画。他与外公有共同的爱好，因而对精通书文字画的外公十分欣赏，与比他小三十多岁的外公结为忘年交，不仅经常带外公出席公务活动，还经常一同参加业余文化联谊，赠送外公多张个人照片，并专门邀请外公全家到鼓浪屿他家别墅做客。

余謇教授古文、诗词、书法功底深厚，与外公同声相应，同气相求，经常赋诗唱和，互赠书法。他是江西南昌人，十八岁考中举人，京师大学堂（北大前身）毕业，1927 年到厦大，任教二十六年，治学极勤，老而不倦，对于声韵、文学造诣很深。他曾与外公夜餐后书赠外公一诗："野蔬家酿送人行，饮罢谈余夜有星。明朝会趁晴风便，稳澹沧波看月明。"此件书法保存至今。后来他还专门为外公出版的诗集《山居集》题词。

陈子英教授与外公私交很深。他是美国哥伦比亚大学博士，我国遗传学先驱之一，在中国最先开展了现代海洋生物学研究，培养了许多杰出人才。1931 年他在厦大组织成立中国第一个群众性海洋学术组织中华海产生物学会，并任该会主要负责人。1934 年他又与秉志等三十人发起成立了中国动物学会。产于厦

1934 年 12 月 19 日，何励生次女重庆满月合影。

门同安刘五店海域的文昌鱼是世界上最古老的生物之一，是五亿年前脊索动物的祖先，陈子英对它进行研究，于 1931 年发表《中国文昌鱼一个雌雄同株标本的研究》，1932 年发表中国文昌鱼第一篇分类学论文《福建南部厦门文昌鱼的历史》。当年他曾请外公吃文昌鱼，外公即席口占两首七律，其中有“坐傍秋灯啖素鱼”和“味同鲈剑列奇蔬”之句。

张希陆教授为我国奥运先驱、南开大学创办人、校长张伯苓的长子。其夫人张淑贞是南开大学商学院院长张平群的胞妹，曾任天津私立普育女子小学校附属幼稚园教师。张希陆教授参加过五四运动，后来考取了庚子赔款留学资格到美国留学，回国先到南开大学，再到厦门大学任教，长期从事数学教学科研，与外公有同仁之谊。抗战全面爆发，他与其他几位教授离开厦大时，外公特地赋诗赠别，前半首为“客中送客别情牵，又是沧桑列眼前。著作等身堪寿世，论交异地亦奇缘”。

照片中的教授许多都是江浙人，与外公是同乡，乡情深厚。如陈子英教授是江苏吴县人，教育学心理学家杜佐周教授是浙江东阳人，会计学家陈德恒教授是浙江嘉善人，教育学家孙贵定教授是江苏无锡人，银行学家冯定璋教授是江苏武进人，缪篆教授是江苏泰州人。

说到缪篆教授，还可以多说几句。他在厦大曾与鲁迅同事，鲁迅先生 1926 年 11 月 17 日的日记记载：“下午校中教职员照相毕开恳亲会，终至林玉霖妄语，缪子才痛斥。”其中的缪子才即为缪篆，时任哲学系教授。据说他嗜书如命，在乘海船赴厦大任教途中，坐在船头专心致志地看书，浑然不觉风高浪险，家人频频惊呼，他仍不为所动。传说他还有一个奇特的习惯，读完一书，就把最重要的几页撕下来，其他扔掉，可见其记忆超人。他专门为外公 1932 年出版的诗集《逭暑集》作过序。他还是当代画家范曾的外祖父。

捡来的一张合影

金 玮

2019年9月6日，笔者的一位朋友去山里的老屋闲逛，见邻居家的老房子塌了一半，清理出来的废弃物堆满了垃圾箱。其随行的母亲突然在垃圾箱中看到了一个镜框，说有老照片。朋友一瞧镜框里只是夹着四张不起眼的一寸二寸肖像照，也没太在意，不过觉着镜框还不错，便捡回了家。当其打开镜框后盖板，竟然十分意外地发现了一张拍摄于1945年10月10日的浙江省铁工厂全体员工合影。该照片原先是反扣放置的，故会误认为只是镜框里的衬底纸。估计是照片主人有意为之，他既舍不得毁弃这张对其有特殊纪念意义的合影，也不想让别人甚至家人再看到。

朋友知笔者收集抗日战争时期的老照片，遂将其转给了我。照片图像幅面为20厘米 ×15厘米，因已历经七十五年，且保管不善，照片多处渍痕斑驳，残破损坏，虽是如此品相，但其上方题写的“浙江省铁工厂全体员工摄影留念　三十四年双十节”文字仍能辨析得出来。笔者特意数了一下，参加合影留念的铁工厂员工共有107名，除个别人员因照片受损面目不清外，绝大部分人员的面目清晰可辨。

关于浙江省铁工厂的创建，据时任国民政府浙江省主席黄绍竑回忆："当民国廿六年（1937年，笔者注，下同）十二月杭州快要撤退的时候，我下令要将杭州的工厂机器搬到金华，但以时间及运输的关系，搬出的不到十分之一，这些残缺不全的机器，最初还想不到一定的用途，只是搬出来再说。迨我决定制造兵器之后，就派黄祝民为铁工厂厂长，将这些机器搬到丽水的大港头安顿起来。……黄祝民对于机器制造很有经验，而且随杭州工厂退出的，还有许多技术人员与熟练工人。于是全部集合起来，设立一个浙江省铁工厂。……可是自厂长以致技术员工，对于兵器制造都是毫无经验，只是各有一些普通机械的知识和技能而已。我在一群散兵手里，缴了一支捷克式的轻机枪和一支比利时式的步枪同一个手榴弹，给他们看看，问他们能否仿造？他们为了抗战的需要与热忱的驱使，当时毫不畏缩的齐声答道：'能，能！'……经过两三个月时间的试验，才造出一支步枪与一挺轻机关枪。"但刚造出的兵器中看不中用，后经过不断地研究和改进，到第二年（1938年）的七八月份，铁工厂的兵器制造才初步成功，只不过数量有限。为了增加兵器产能，满足前线部队的需求，黄绍竑遂对工厂规模进行了扩大："我们便在小顺（距大港头约二十公里）建造了一个新厂，专造步枪，在石塘（距大港头约十五公里）建一个新厂，专造新机枪，在玉溪（距大港头二公里）新建一厂，专造手榴弹、枪榴弹筒及各种爆炸品。大港头厂则专造各种工作母机。这种计划，于民国二十八年（1939）冬就先后完成了。此外还成立一个实验室，专门做研究与实验的工作。自此之后。规模相当完备，生产力量亦就逐日的增加了。""到卅一年（1942）的春天，各厂棚有四千多员工，上万的眷属。……机器由二三十

1945年10月10日，浙江省铁工厂全体员工合影。

部增至一千多部，每月可产一千支步枪，五十多挺的轻机枪，五六万发手榴弹、枪榴弹，还有许多零零碎碎的东西。它的产品，西边销到广西、贵州，南边到了福建、广东，北边到了安徽，一直销到西北的甘肃。”

1942年5月，浙赣战役爆发。6月24日，日军攻陷丽水后，进逼大港头一线。第三战区司令长官顾祝同下令，将分设的四家浙江省铁工厂立即炸毁，以免资敌。黄绍竑持不同意见，“我对他们说：‘这些破旧粗糙的机器，在我们视为至宝，在敌人则视为废铁。……假使敌人不来，岂不是一个错误的损失？’

果然，攻到大港头附近的敌人，为我三十二师官兵英勇击退。然先行破坏的，已不可修复了。只有大港头一个厂，我愿负资敌的责任，不许他们破坏。”最终，实际只炸毁了位于玉溪的铁工厂，其余三家铁工厂均得以保全。

坐落在丽水偏僻山区的浙江省铁工厂是当年全省规模最大的一个企业，并在艰苦恶劣的抗战环境中创造了浙江省军工自主制造的先例和奇迹。铁工厂所生产的各类武器，为全省乃至全国的抗战提供了有力支援，功不可没。1939 年 4 月 2 日，中共中央政治局委员、中央军委副主席周恩来以国民政府军事委员会政治部副部长身份到小顺与黄绍竑会晤。翌日，视察浙铁总厂，并在沉香庙发表了“工人阶级是顶天立地”的演讲。他说：“按我的说法，工人两字合起来就是‘天’字，工人阶级是顶天立地、创造世界的，谁也没有你们工人伟大！……你们来了以后，披荆斩棘，白手起家，办起了这样的工厂，试制成功了轻机枪，造出了大批武器，支援前方，打击敌人，为抗日救国作出了很大的贡献。”

1988 年 12 月 31 日，丽水云和县石塘镇建设水电站，地处上游的小顺村和昔日周恩来演讲的沉香庙、浙江省铁工厂总厂旧址被水库淹没。

缘分如此难言说

周志跃

清至民国的老照片，历经战争、动乱等而留存至今，实属不易。一般来说，这些照片当时可能洗印不止一张，但能幸存下来的往往都只有一张，现在仍能见到同样两张甚至两张以上的，非常难得。

我藏有一张民国人物合影，后来发现我老师也藏有同样内容的一张。我们是从不同地方前后购藏这张合影的。这也印证出人与物的缘分有时真很奇妙。

2016 年 12 月，我在网上看到苏州一卖家的一张民国合影正在竞拍，照片如明信片大小，尺寸 14.2 厘米 ×9.7 厘米。四位男子在杭州“西湖十景”之一的三潭印月处合影，身后三潭清晰可见，远处是雷峰塔所在的南屏山。他们四人中，两人着长衫，一人着大衣，另一人则着时髦的皮夹克；两人双手插兜，两人将手背在后面，站姿随意，轻松洒脱。从人物衣着打扮和照片相纸判断，此片当摄于 20 世纪三四十年代，时令应该是秋冬或早春，树叶凋零，寒意萧瑟。观此片，给我以陈子昂“念天地之悠悠，独怆然而涕下”的苍茫之感。

因为是杭州老照片，加上照片的独特韵味，我一下子被吸引了。经过一番激烈竞价，如愿以偿被我竞得。

2019 年 10 月 19 日下午，我大学摄影老师、浙江大学视觉与传播研究中心学者、著名影像收藏家徐忠民老师微信给我发来了一张照片，开始我没细看，后来发现与我这张竟是同一内容的照片！

徐师惠示，这张照片的主人是左一男子。照片是在左一男子的一本私人相册内发现的。相册是徐师在杭州购得。相册内容丰富，除了这张合影，还有该男子个人、家人等照片。该男子非常喜欢拍照，其中有一张展现的是他正在仔细观看桌上一堆照片。

同样内容的两张照片，一张出现在苏州，一张出现在杭州。

民国年间，四位男子在杭州西湖三潭印月处合影。

片隔两地，却被我和尊师分别收藏到，这恐怕只能用“片缘”两字才能解释得通吧。我不禁暗暗惊叹缘分的奇妙了。

著名西湖影像收藏家韩一飞老师认为，从照片选景和没有衬版的特征看，这张照片为私人拍摄的可能性很大。那么，照片是谁拍的？一种可能是他们立三脚架自拍，另一种可能还有同游者，照片为同游者所拍。不管怎么说，从照片中出现四个人来看，至少应冲印了四张吧。

岁月悠悠，照片已度过了八九十个春秋。如今，片中人早已逝去，唯留下这两张照片，记录下了他们曾经同游西湖的情形。有时候，照片的命运与人的命运何其相似！不知另外几张还安然存世否？

书末感言

一位功德无量的摄影家

冯克力

上个月，寓居美国的著名摄影家李振盛先生不幸辞世。痛惜之余，恍然觉得先生用相机定格的那个特殊的年代，随着他的仙逝，又远去了许多。毕竟，振盛先生因为自己留下的这些影像，已然成为那个可怖年代的某种标志性的存在。

久闻振盛先生的大名，但与他有所交集却始自编辑《老照片》。在第一辑《老照片》里，我选用了一组他 1965 年“四清”

时在黑龙江阿城县拍摄的照片，并请山东大学的王学典教授做了一番解读。这组题为《曾有一种“参照”》的图文，从一个独特的角度审视了彼时中国农村的政治生态，刊出后在读者中引起了不小的反响。见到样书后，振盛先生给我打来电话，除表达对《老照片》的由衷认同外，还提了个建议，希望摄影者能与解读者在篇首共同署名，只署解读者而不署拍摄者，显得有些厚此薄彼了。他的建议，我们曾认真考虑过，惟《老照片》里刊布的照片，因年代久远，大多已考证不出拍摄者是谁，为求体例的统一，只好作罢，仍沿用了照片的拍摄或提供者在篇末注明的做法。后还专门向振盛先生做了些解释，他倒也理解。

想想“文革”期间，中国各种媒体的摄影记者不知有多少，为什么只有李振盛先生留下了如此丰富的现场记录？这决不是偶然的。这些直面灾难的影像记录，已远远超出了当时“摄影宣传”的使命与尺度，所以他才没将其存入报社的档案资料，而是冒着相当的风险私下收藏起来。他所做的这一切，从拍摄到收藏，假如没有一种超越当下的自觉，是不可能做到的，他至少是充分意识到了这些现场定格的价值所在。无论对于当下还是历史，李振盛先生此举可谓功德无量。

犹记2013年，拙作《当历史可以观看》出版后，香港中和出版公司有意引进繁体字版，但基于推广的需要，他们打算将书名与封面照片都换一下，还想选已收入书中的李振盛先生拍摄的一张报道阿城县“四清”的照片用在封面上。他们提出，这事最好能取得作者的授权。振盛先生时在美国，我辗转与他联系上。先生听说了，很爽快，说：“我那些照片，你想咋用就咋用……”

今斯人已逝，想先生风采、声情，能不泫然！